应用型本科人力资源管理专业精品系列教材

人力资源管理实践教程

主　编　杨丽君　陈　佳
副主编　吴国锋　彭铁牛　胡高喜

北京理工大学出版社
BEIJING INSTITUTE OF TECHNOLOGY PRESS

内 容 简 介

《人力资源管理实践教程》基于组织人力资源管理岗位的 9 项职能，包括人力资源规划、工作分析、招聘与面试、人员素质测评、员工培训、绩效管理、薪酬管理、劳动关系管理和社会保险业务等，共设计了 38 项实验实训任务。这些任务均为实践活动中常见的或有一定难度的任务，任课教师可根据课时或学习情况等灵活选择。

本书着重介绍每项任务的操作流程、方法和工具。每项任务要求学生按照任务要求和步骤去完成，以熟悉业务活动，提升专业技能。同时，在方案设计和工作方法等方面也留有一定可自由发挥的空间，使学生能够结合自身认识发挥创造性。此外，书中的各类工具均来源于实践，不仅可用于教学，也可供人力资源管理从业者参考使用。

本书内容具有较强的专业性、技术性、实用性和可操作性，既可系统地训练学生的专业技能，又能够帮助教师有效地丰富实践教学的内容和方法，是促进高校人力资源管理专业向应用型转型的实用配套教材。

版权专有　侵权必究

图书在版编目（CIP）数据

人力资源管理实践教程／杨丽君，陈佳主编. —北京：北京理工大学出版社，2020.5
ISBN 978-7-5682-8365-6

Ⅰ.①人… Ⅱ.①杨… ②陈… Ⅲ.①人力资源管理-高等学校-教材 Ⅳ.①F243

中国版本图书馆 CIP 数据核字（2020）第 059636 号

出版发行　／　北京理工大学出版社有限责任公司
社　　址　／　北京市海淀区中关村南大街 5 号
邮　　编　／　100081
电　　话　／　（010）68914775（总编室）
　　　　　　　（010）82562903（教材售后服务热线）
　　　　　　　（010）68948351（其他图书服务热线）
网　　址　／　http：//www.bitpress.com.cn
经　　销　／　全国各地新华书店
印　　刷　／　三河市天利华印刷装订有限公司
开　　本　／　787 毫米×1092 毫米　1/16
印　　张　／　13
字　　数　／　306 千字
版　　次　／　2020 年 5 月第 1 版　2020 年 5 月第 1 次印刷
定　　价　／　42.00 元

责任编辑／李慧智
文案编辑／李慧智
责任校对／刘亚男
责任印制／李志强

图书出现印装质量问题，请拨打售后服务热线，本社负责调换

前言

近年来，我国正在加快构建以就业为导向的现代职业教育体系，一批普通本科高校正在向应用技术型高校转变。在努力探索定位与特色的过程中，这些转型中的高校绽放出了勃勃生机。

应用型本科高校是介于研究型高校和高等职业技术院校（简称"高职院校"）间的具有独特定位和价值的教育机构。研究型高校强调理论基础，高职院校侧重从业技能，应用型高校则侧重培养本科层次的专业技术人才。具体地说，应用型高校在培养学生时强调在扎实的理论基础上，发展基于职位群的专业技术技能；强调在熟练运用工具和方法的基础上，发展基于系统知识框架的管理思辨能力和决策领导能力。由于教育定位不同，应用型高校的教学实践活动就应当与其他两类院校有所不同，主要体现在：专业课的教学要在理论讲授的同时辅以较高比例的有关业务流程、技术技能、工具方法的实验活动，并且要求实验内容是系统的，与理论部分相匹配、相适应，以使学生切实掌握基于职位群的胜任能力，这样才能对应用型高校的教育培养目标起到切实有效的支撑作用。

目前，大多数应用型本科高校的人力资源管理专业都开设了人力资源管理概论、工作分析、人员素质测评、人员培训与开发、绩效管理、薪酬管理、劳动关系等专业核心课程。按照应用型高校对实践教学的要求，通常会设置8~16分的课内实验实训学分，或是配套设置32分左右的集中实验实训学分。目前，课内的实验教学普遍由任课教师自行设计安排，这就难免存在内容较为随意、方法相对简单、不能针对业务流程或关键技术进行有效训练等不足之处。产生这些不足的原因是多方面的，例如高校教师自身缺乏实践工作的经验，或是缺少特别成熟、配套的教学实验软件等，但其中一个主要原因还在于，应用型高校起步不久，市场上比较缺少既能凸显"应用型、技术型"特色，又能与各类组织，特别是中小企业的人力资源管理实践活动衔接较好的、适用于课内实验的、便于边学边练的指导教材。

《人力资源管理实践教程》基于系统的专业理论框架来设计教学项目，以期有效地支撑课堂理论教学。同时，从人力资源管理者的胜任能力出发，结合人力资源管理各岗位的职责和业务流程来设计具体的任务，重点有三：一是常见业务活动；二是复杂业务流程；三是技术难点。此设计思路的初衷在于，尽可能使实验成为理论与业务之间的"桥梁"，以理论指导实践，以实践验证理论，通过实验的训练有效提升学生的专业技术能力和职业适应性，同时，有效帮助改善人力资源管理专业课的教学效果。本书的特色也正在于此，即打破传统高等院校"实验为了巩固理论，单纯从理论出发设计实验"的实践教学定位，解决这种定位下实验课普遍存在的方法单一、内容与实践脱节的问题。

本书围绕人力资源管理岗位的职能设计了 9 章共 38 项实验任务，每一章都提供了贯穿全章的实验材料，有利于学生以全局、长远的眼光看待问题，培养学生的战略性思维。实验要求学生以材料为背景，自行设计任务方案或使用专业的技术或工具按照既定的步骤完成业务流程。这种训练要求学生结合实际情景分析问题，并遵照实际流程解决问题，同时也使学生能够结合自身认识发挥创造性，以寻求解决问题的不同方法，从而更好地实现学以致用。书中各项任务之间相对独立，任课教师可以根据课时灵活地进行选择，既可以将之用于课内实验，也可以用于集中实验实践课程。

本书由杨丽君副教授负责第三章和第七章的编写，并对全书进行设计和校正；胡高喜副教授负责第一章的编写；彭铁牛副教授负责第五章的编写；吴国锋讲师负责第二章和第六章的编写；陈佳讲师负责第四章、第八章、第九章的编写。此外，在本书的校正、排版过程中，学生陈苑钧、何柳燕做了许多工作。在这里对各位教师和学生们付出的辛勤劳动表示衷心的感谢。

本书为全国教育科学"十三五"规划 2017 年度教育部重点课题"应用技术型高校教师职业能力构成与学生学习质量的关系研究"（批准号：DIA170357）的结项成果之一，受到了全国教育科学规划领导小组办公室的资助。

杨丽君

2019 年 10 月

目 录

第一章 人力资源规划 (1)
- 任务一：人力资源需求预测分析 (1)
- 任务二：人力资源供给预测分析 (6)
- 任务三：人力资源规划书的编写 (8)

第二章 工作分析 (13)
- 任务一：组织结构设计 (14)
- 任务二：岗位设计 (17)
- 任务三：工作分析方法 (19)
- 任务四：岗位分析 (27)

第三章 招聘与面试 (30)
- 任务一：内部招聘 (30)
- 任务二：外部招聘 (34)

第四章 人员素质测评 (46)
- 任务一：人格测验 (46)
- 任务二：无领导小组讨论 (50)
- 任务三：文件筐测验 (53)
- 任务四：角色扮演 (59)
- 任务五：管理游戏 (61)

第五章 员工培训 (66)
- 任务一：培训需求分析 (66)
- 任务二：培训计划书 (72)
- 任务三：授课技术 (79)
- 任务四：培训有效性评估 (83)
- 任务五：签订培训合同 (86)

第六章　绩效管理 ··· (92)
  任务一：绩效管理制度设计 ··· (92)
  任务二：绩效考评指标体系设计 ·· (101)
  任务三：绩效考核表设计 ··· (107)
  任务四：绩效沟通 ·· (110)
  任务五：绩效考评申诉 ··· (112)

第七章　薪酬管理 ··· (116)
  任务一：应用要素计点法进行职位评价 ······································ (116)
  任务二：市场薪酬调查 ··· (129)
  任务三：设计薪酬结构 ··· (133)
  任务四：基于绩效和相对薪酬水平的绩效加薪 ··························· (136)

第八章　劳动关系管理 ··· (141)
  任务一：劳动合同订立流程 ··· (141)
  任务二：劳动合同变更流程 ··· (143)
  任务三：劳动合同解除流程 ··· (146)
  任务四：劳动合同终止及续订流程 ·· (156)
  任务五：模拟劳动仲裁 ··· (158)

第九章　社会保险业务 ··· (161)
  任务一：办理单位参保登记业务 ·· (161)
  任务二：办理缴费单位登记变更 ·· (179)
  任务三：办理缴费单位登记注销 ·· (183)
  任务四：办理基本养老保险待遇申领手续 ·································· (186)
  任务五：办理工伤保险待遇申领手续 ·· (193)

参考文献 ·· (199)

第一章

人力资源规划

人力资源规划是指根据组织发展战略与目标的要求,科学分析和预测组织在变化的环境中人力资源的需求和供给状况,在此基础上确定出组织未来某一时间的人力资源净需求,并制定必要的人力资源政策和措施以使人力资源供需平衡,从而确保组织在需要的时间和需要的岗位上获得各种需要的人力资源。

人力资源规划工作包括三项核心内容:一是组织的人力资源需求预测分析;二是组织的人力资源供给预测分析;三是编写人力资源规划书。人力资源规划的结果必须和组织的战略相匹配,必须反映组织的战略意图和目标。

任务一:人力资源需求预测分析

人力资源需求预测是指以组织的战略目标、发展规划和工作任务为出发点,综合考虑各种因素的影响,对组织未来人力资源需求的数量、质量及时间等进行估计的活动。

人力资源需求预测是建立在充分了解组织人力资源现状、市场人力资源环境等基础上的,所以在进行人力资源需求预测时,要考虑组织外部环境因素、组织内部因素、人力资源自身因素。人力资源需求预测的方法一般分为定性预测法与定量分析法两大类。

一、实验概述

选定一家组织,获取相关资料。对影响组织人力资源需求的主要因素进行分析,选择适当的方法对该组织的人力资源需求进行预测。

通过实验,进一步明确人力资源需求预测的概念和内容,了解影响人力资源需求的主要因素,掌握人力资源需求预测的方法、程序,能够初步完成人力资源需求分析与预测工作,为制定人力资源规划提供依据。

本次实验以小组为单位,每组6~8人,约需3个学时,需要用到电脑和网络。

二、实验材料

材料一：由学生自行联系一家组织，获取该组织的两大类信息：一是基本信息，包括组织规模、内外部环境、历史、产品、市场、组织结构、人员队伍、发展规划等；二是人力资源管理方面的信息，特别是与本实验相关的各类信息资料，例如职位说明书、现实的职务编制和人员配置、职位上的分布状态、现行的培训方案和绩效考核方案等。

材料二：由学生在互联网上选定一家组织。网络上应当有较充分的关于该组织的信息，方便学生跟踪、搜集本实验所需的各种相关资料。

材料三：利用以下背景材料，对影响组织人力资源需求与供给的主要因素进行分析，对人力资源需求与供给进行预测分析，对分析结果进行综合的平衡。

H公司人力资源需求与供给预测

"我觉得公司肯定有问题，但是不是很清楚问题出在哪儿。"H公司的总经理伍先生说。让他焦虑的是，对于自己一手创建、已具有一定规模的企业，现在越来越力不从心。伍先生的秘书和其他的工作人员也说，他们的老板很忙很累，可公司内部出现的问题却越来越多，员工也开始有了不少的抱怨。

H公司如今已是东北地区一家规模较大的民营房地产企业。2008年，H公司刚刚创建的时候仅有50万元资金和5个员工。经过10年的摸爬滚打，H公司形成了一定规模，目前拥有员工50多人，资产规模1亿多元。但是，随着企业的"长大"，问题越来越多，内部的人力资源管理、外部的市场和业务等让伍先生开始觉得自己对公司的管理、驾驭越来越吃力。

提到刚刚起步时的公司，伍先生掩饰不住自豪之情。10年前，原在机关任职的伍先生凭着敏锐的商业意识，毅然离开机关，东拼西凑筹集了50万元，带领几个亲戚朋友成立了H公司，主营房地产项目。公司5个成员分别负责公司的财务、项目前期、工程管理、行政等事务。其中，财务负责人刘女士是伍先生的小姨，仅有基础的会计常识；负责项目前期开拓的江先生则是伍先生多年的好友，曾经是一家餐馆的老板，仅接受过初中教育。

H公司的飞跃性发展是在2009年。当时，伍先生凭着对市场的敏锐感知果断决定投资征地，而那时H公司所在地区的房地产才刚刚起步。准确的判断、广阔的市场、成功的运作给H公司带来了较高的回报和巨大的动力，伍先生开始加大力度进行商品房的开发。随后几年，公司开发的几个楼盘都有较好的销售业绩。

随着公司规模的迅速扩大，过去的5个部门也增加到10个部门，人员也由最初的几个人发展到现在的50多人。随着人员的增加，诸多的管理问题开始频频出现。伍先生觉察到，虽然公司提出了明确的战略规划，但是总不能落实，"追究责任的时候，好像大家都有责任。每次都是大伙一起自我批评一通后，下次的规划依旧不能落实"。回忆公司初创的那两年，伍先生说，他感到大家特别团结，事实上，H公司在发展初期的很多困难就是依靠员工的团结和凝聚力解决的。但是现在，员工内部已经出现小利益团体，各部门的管理人员经常各自为政，意见不一。让他颇为郁闷的还有，一方面公司觉得员工的整体素质较低，另一方面员工对薪酬不满，抱怨没有公平的考核体系。

"公司在若干资源中,最为缺乏的是人力资源,特别是较高素质的人力资源,外部人力资源的提供是一个难题"。伍先生自己也意识到,不解决人力资源问题,公司发展必然受阻。近年来,随着该地区房地产市场化运作的加速,十多家实力雄厚的企业纷纷进入该地区。与这些公司相比,H公司的竞争优势在于低成本的土地开发,但是在管理、销售及人力资源方面都存在着明显缺陷。另外,随着竞争对手的进入,该市的房地产开发迅速升温,众多的楼盘在较短的时间内推进,销售价格也逐渐降低,这直接影响到H公司的价格优势。

目前,H公司手中仍然有约120万平方米的待开发土地,让伍先生犯难的是,别的当家愁的是无米下锅,而他愁的是要不要下锅和怎么下锅。企业目前的状况已经让他忙得焦头烂额。

市场较大的供给差、人力资源的欠缺、管理问题越来越多等,都在考验着伍先生和他的公司。

(资料来源:改编自赵曙明. 人力资源管理与开发 [M]. 北京:北京师范大学出版社,2007.)

三、实验流程

人力资源需求预测工作包括现实人力资源分析、未来人力资源需求预测和未来人力资源流失预测三部分。具体步骤如下:

(一) 步骤一:现实人力资源分析

(1) 进行职务分析,并根据分析的结果确定目前的职务编制和人员配置。

(2) 进行人力资源盘点。人力资源部一般在每年的年中和年末对组织人力资源状况进行盘点,对照现实职务编制状况,统计出人员的超编和缺编情况。同时,根据职务说明书确定的岗位任职资格和历次绩效考核结果,统计出不符合职务资格的人数。

(3) 人力资源部将上述结果进行汇总,填写现实人力资源分析表。现实人力资源分析表(样表)如表1-1所示。

(4) 人力资源部就现实人力资源分析的结果与各部门管理人员进行讨论,根据实际情况进一步修正。修正后的结论即为现实人力资源状况,根据最后的统计结果重新填写现实人力资源分析表。

表1-1 现实人力资源分析表(样表)

年 月 日

部门	目前编制	人员配置情况			人员需求
		超编	缺编	不符合岗位要求	
生产部					
销售部					
采购部					
…					
合计					

（二）步骤二：未来人力资源需求预测

（1）对可能影响人力资源需求的管理和技术因素进行预测。在进行人力资源规划的内外部环境分析时，可以使用 PEST 分析（宏观环境分析，包括政治、经济、社会、技术环境分析）方法、波特五力分析方法、SWOT 分析（态势分析）方法等。

（2）根据组织的发展战略和业务发展规划，确定预测期内每年的销售收入、项目数量等。

（3）根据历史数据，初步确定预测期内的总体人员需求，以及管理职系、销售职系和技术职系的人员需求。

（4）各部门根据增加的工作量，并综合考虑管理和技术等因素的变化，确定需要增加的岗位及人数。

（5）将通过上述两个步骤所得的统计结果进行平衡和修正，即得到未来人力资源需求预测。未来人力资源需求预测表（样表）如表 1-2 所示。

表 1-2　未来人力资源需求预测表（样表）

年　月　日

内容	预测期				
	第一年	第二年	第三年	第四年	第五年
行政辅助职系					
技术职系					
增加的岗位及人数					
备注					

（三）步骤三：未来人力资源流失预测

（1）根据现有人员的统计数据，对预测期内退休的人员进行统计。

（2）根据历史数据，对未来可能发生的离职情况进行预测。

（3）将上述两项预测数据进行汇总，得出未来人力资源流失预测结果。

（4）填写未来人力资源流失预测表。未来人力资源流失预测表（样表）如表 1-3 所示。

表 1-3　未来人力资源流失预测表（样表）

年　月　日

内容	预测期				
	第一年	第二年	第三年	第四年	第五年
离职人员					
其他					
岗位及人数					
备注					

（四）步骤四：整体人力资源需求预测

（1）人力资源部应根据现实人力资源状况、未来人力资源需求和未来人力资源流失预测，汇总得出组织整体人力资源需求预测。

（2）填写组织整体人力资源需求预测结果。年度人力资源需求预测表（样表）如表1-4所示，人力资源净需求统计汇总（样表）如表1-5所示。

（3）制订该组织的招工计划。根据组织的发展规划，结合人力资源需求预测，制订该组织下一步的招工计划。

表1-4 年度人力资源需求预测表（样表）

年 月 日

职系		当前年	第一年	第二年	…
行政辅助职系	现实人数		期初人数	期初人数	
	现实需求		需增加岗位和人数	需增加岗位和人数	
			流失人数预测	流失人数预测	
	总需求		总需求	总需求	
技术职系	现实人数		期初人数	期初人数	
	现实需求		需增加岗位和人数	需增加岗位和人数	
			流失人数预测	流失人数预测	
	总需求		总需求	总需求	
总计	现实人数		期初人数	期初人数	
	现实需求		需增加岗位和人数	需增加岗位和人数	
			流失人数预测	流失人数预测	
	总需求		总需求	总需求	

表1-5 人力资源净需求统计汇总（样表）

年 月 日

人员类别	现有人员	计划人员	余缺	预期人员的变动情况						本期净需求
				调职	升迁	辞职	辞退	其他	合计	
合计										

四、实验考核

实验指导教师需要对每一实验小组的三个方面进行考核：一是对实验背景材料选择的充分性、真实性进行考核；二是对实验完成的及时性进行考核；三是对实验中四个步骤的过程合理性、结果正确性进行考核。人力资源需求预测分析实验考核表如表1-6所示。

表1-6 人力资源需求预测分析实验考核表

	实验材料	实验进度	步骤一	步骤二	步骤三	步骤四
单项满分	15	10	15	20	20	20
单项得分						
任务得分						

任务二：人力资源供给预测分析

人力资源供给预测是指为实现组织预测目标，对未来一段时间组织内部和外部各类人力资源补充来源情况的估计。人力资源供给分为内部供给与外部供给，因而，影响组织人力资源供给的主要因素有内部供给因素和外部供给因素。常用的预测方法有人力资源盘点、替换单法、人员接替图法、马尔科夫法。

一、实验概述

以选定的组织为背景，对组织的内部与外部人力资源供给进行预测。

通过实验，进一步明确人力资源供给预测的概念和内容，了解影响人力资源供给的主要因素，掌握人力资源供给预测的程序和方法，能够初步完成人力资源供给分析与预测工作，为制定人力资源规划提供依据。

本次实验以小组为单位，每组6~8人，约需6个学时。实验在多媒体教室，需要电脑和网络的支持。

二、实验材料

与任务一的实验材料相同。

三、实验流程

人力资源供给预测分为内部人力资源供给预测与外部人力资源供给预测，具体步骤如下：

（一）步骤一：内部人力资源供给预测

（1）对组织现有人力资源进行调查、盘点，对组织现有人力资源的质量、数量、结构和在各职位上的分布状态进行核查，以便掌握现有人力资源情况。

（2）分析组织的职务调整政策和员工调整的历史数据，统计出员工调整的比例，包括晋升比例、离职比例等，并向各部门了解可能出现的人事调整情况。

（3）人力资源部应为每位员工建立员工技能清单，以便动态掌握组织每一个岗位的人员供给情况。员工技能调查清单（样表），如表1-7所示。

（4）根据以上情况，采用不同的预测方法，得出内部人力资源供给预测结果。可采用马尔科夫法预测组织内部人力资源供给，首先根据组织的历史资料，计算出每一类职务上的第一职员流向另一类职务或另一级别的平均概率；然后根据上述平均概率，建立人员变动矩阵表；最后根据年底组织各类人员的数量和变动矩阵表预测第二年组织可供给的人数。

表1-7 员工技能调查清单（样表）

姓名		部门			工作地点			
到职日期		出生年月			婚姻状况		职称	
教育背景	学历	学位种类		毕业日期		学校		主修专业
	高中							
	大学							
	硕士							
	博士							
培训经历		培训主题			培训机构		培训时间	
技能			技能种类			证书		
专业经验			时间、项目			结果		
工作意愿		你是否愿意担任其他类型的工作？				□是		□否
		你是否愿意调到其他部门去工作？				□是		□否
		你是否愿意接受工作调配以丰富工作经验？				□是		□否
		如果可能，你愿意承担哪种工作？						
你认为自己需要接受何种训练？		改善目前的技能和绩效				□是		□否
		增加和提高晋升所需要的经验和能力				□是		□否
你认为自己现在可以接受哪种工作指派？								

（二）步骤二：外部人力资源供给预测

（1）对影响外部人力资源供给的地域性因素进行分析。
（2）对影响外部人力资源供给的全国性因素进行分析。
（3）根据以上的分析得出组织外部人力资源供给预测结果。

（三）步骤三：编制人力资源供给预测报告

依据组织内外部人力资源供给预测分析结果，编制组织整体人力资源供给需求预测报告。

四、实验考核

实验指导教师需要对每一个实验小组在三个方面进行考核：一是对实验背景材料选择的充分性、真实性进行考核；二是对实验完成的及时性进行考核；三是对实验中三个步骤过程的合理性、结果的正确性进行考核。人力资源供给预测分析实验考核表如表1-8所示。其

中,步骤三的考核内容包括以下几点:
(1) 理解人力资源规划的内涵和重要意义。
(2) 掌握影响人力资源供给的主要因素。
(3) 掌握人力资源供给预测的方法与程序,完成人力资源供给的分析与预测工作。
(4) 记录完整的实训内容,做到文字简练、准确,叙述顺畅、清晰。

表1-8 人力资源供给预测分析实验考核表

	实验材料	实验进度	步骤一	步骤二	步骤三
单项满分	15	15	20	25	25
单项得分					
任务得分					

任务三:人力资源规划书的编写

人力资源规划是组织为了实现组织的战略和目标,通过科学地预测组织在未来环境变化过程中的人力资源需求及供给状况,制定相应的政策与措施,使组织获得所需要的人才,同时使组织及个人得到相应的短、中、长期利益。

一、实验概述

以选定的组织为背景,由实验小组为组织编写符合战略和目标的人力资源规划书。

通过实验,掌握组织人力资源规划的制定原则、内容和步骤,能够编制基本的组织人力资源规划书。

本次实验以小组为单位,每组6~8人,约需4个学时。实验在多媒体教室,需要电脑和网络的支持。

二、实验材料

与任务一的实验材料相同,且需要将任务一与任务二的实验结果作为实验材料。

三、实验流程

人力资源规划的内容包括职务编制计划、人员配置计划、人员需求计划、人员供给计划、教育培训计划、人力资源管理政策调整计划、投资预算。具体步骤如下:

(一)步骤一:制订职务编制计划

根据企业发展规划,结合职务分析报告的内容,来制订职务编制计划。职务编制计划阐述了企业的组织结构、职务设置、职务描述和职务资格要求等内容。制订职务编制计划的目的是描述企业未来的组织职能规模和模式。

(二)步骤二:根据组织的发展规划,对组织人力资源进行盘点

明确人员配置,陈述组织每个职务的人员数量、人员的职务变动、职务人员空缺数量等。明确配置的目的是了解组织未来的人员数量和素质构成。

（三）步骤三：预测人员需求情况

根据人员配置状况，使用预测方法来预测人员需求。人员需求中应陈述需求的职务名称、人员数量、希望到岗时间等（利用任务一的实验结果）。

（四）步骤四：预测人员供给情况

通过分析劳动力过去的人数、组织结构和构成，以及人员流动、年龄变化和录用等资料，可以预测出未来某个特定时刻的供给情况。预测结果勾画出了组织现有人力资源状况及未来在流动、退休、淘汰、升职及其他相关方面的发展变化情况（利用任务二的实验结果）。

（五）步骤五：人力资源供需平衡研讨、决策

召开人力资源供需平衡决策讨论会，根据供需分析，确定人力资源净需求。

（六）步骤六：制订人力资源管理政策调整计划

人力资源管理政策调整计划应明确人力资源管理政策的调整原因、调整步骤和调整范围等，包括招聘政策、绩效政策、薪酬与福利政策、激励政策、职业生涯政策、员工管理政策等。选择其中一个完成。

（七）步骤七：编制人力资源规划书

可参考本任务附录"企业人力资源规划书（样本）"。

四、实验考核

实验指导教师需要对每一实验小组在三个方面进行考核：一是对方案与组织因素的符合度进行考核；二是对实验完成的及时性进行考核；三是对实验中七个步骤的过程合理性、结果正确性进行考核。人力资源规划书的编写实验考核表如表1-9所示。其中，步骤七的考核内容包括以下几方面：

(1) 掌握人力资源规划书的编制原则、方法和内容。
(2) 掌握人力资源规划书的编制程序与步骤。
(3) 结合组织的实际情况，编制合理的年度人力资源规划。
(4) 记录完整的实训内容，做到文字简练、准确，叙述顺畅、清晰。

表1-9 人力资源规划书的编写实验考核表

	实验进度	步骤一	步骤二	步骤三	步骤四	步骤五	步骤六	步骤七	方案与组织因素的符合度
单项满分	5	10	10	15	15	5	15	5	20
单项得分									
任务得分									

附录：企业人力资源规划书（样本）

企业人力资源规划书

一、目录（略）

二、呈送文（略）

三、报告正文

（一）企业人力资源现状、环境分析（略）

（二）企业未来6年人力资源发展状况目标

企业未来6年人力资源发展状况目标如下表所示。

企业未来6年人力资源发展状况目标

指标类别	指标名称	单位	第一阶段目标（2020—2022年）	第二阶段目标（2023—2025年）
人力资源成本指标	薪酬福利总额	万元		
	培训招聘支出总额	万元		
	人力资源成本总额	万元		
人力资源效率指标	人均销售收入	万元		
	人均产值	万元		
	人均利润	万元		
人力资源构成指标	人力资源成本/销售收入	%		
	职务系列员工比例	%		
	行政系列员工比例	%		
	技工系列员工比例	%		
	通勤系列员工比例	%		
	行政及技术系列本科以上学历比例	%		
	技工系列大专以上学历比例	%		
	…	%		
人力资源可持续发展指标	中高层管理人员继任计划覆盖率	%		
	中高层管理人员主动离职率	%		
	核心岗位人才储备计划覆盖率	%		
	核心岗位人才主动离职率	%		
	人才储备培训人次	人次		

(三) 公司未来人力资源配置规划

1. 第一阶段人力资源配置原则与配置方案

(1) 人力资源配置原则

①外部招聘原则。(略)

②内部调配原则。(略)

③减少冗员的原则。(略)

④培训原则。(略)

(2) 公司整体人力资源配置方案（如下表所示）

公司整体人力资源配置方案

人员类别	增员/人		减员/人			培训/人次	
	外部招聘	内部转岗	转岗	下岗分流	考核淘汰	提升培训	储备培训
职务系列							
行政系列							
技术系列							
技工系列							
通勤系列							

注：增员内"内部转岗"指转入，减员内"转岗"指转出；一般"内部转岗"人数与"转岗"人数相等。

2. 第二阶段人力资源配置原则与配置方案

(1) 人力资源配置原则（同上）

(2) 公司整体人力资源配置方案（同上）

(四) 人力资源开发与管理工作规划

1. 人力资源开发规划

2. 人力资源管理规划

(以上两项结合企业发展战略规划，确定各部门在实现企业战略过程中应承担的责任，进而确定人员需求计划、培训计划等，具体内容略。)

(五) 人力资源重点工作规划

1. 人力资源开发重点工作规划

(1) 人力资源开发现状分析。

本部分主要分析公司人力资源开发工作现状。将人力资源开发划分为几个模块，包括招聘、员工职业发展、内部人员调配、培训、核心岗位人才储备、中高层管理人员接班人。各模块从工作开展的程度、是否有明确的方案制度或操作流程、该模块的方案制度或操作流程是否存在优化空间等方面进行现状分析。(具体内容略)

(2) 人力资源开发重点工作规划。

根据现状分析和公司未来几年内人力资源规划的要求，确定各阶段的人力资源开发重点工作，并列出时间表。(表略)

2. 人力资源管理重点工作规划

（1）人力资源管理现状分析。

本部分主要分析公司人力资源管理工作现状。将人力资源管理划分为几个模块，包括招聘、培训、绩效、薪酬等。各模块从工作开展的程度、是否有明确的方案制度或操作流程、该模块的方案制度或操作流程是否存在优化空间等方面进行现状分析。（具体内容略）

（2）人力资源管理重点工作规划。

根据现状分析和公司未来几年内人力资源规划的要求，确定各阶段的人力资源管理重点工作，并列出时间表。（表略）

（六）人力资源目标体系说明

本部分主要对衡量人力资源状况的指标体系进行说明，包括指标名称、指标解释等。在下文中列出部分指标供参考。

1. 人力资源成本类指标

该类指标从成本费用的角度衡量公司的人力资源状况。

（1）薪酬福利总额：指公司所有员工的薪酬与福利总和。

（2）培训招聘支出总额：指公司用于培训和招聘的各类支出。该指标用于衡量企业直接用于人力资源开发的支出水平。

（3）其他成本支出。

2. 人力资源效率类指标

该类指标从效率的角度衡量公司人力资源为公司贡献价值的效率。

（1）人均产值：指公司单个员工贡献的产值。

（2）人均销售收入：指公司单个员工贡献的销售收入。

（3）人均利润：指公司单个员工贡献的利润。

3. 人力资源构成类指标

该类指标从人员结构的角度分析公司人力资源的现状。

（1）各职系员工数量比例：指各职位系列，包括职务、行政、技术、技工、通勤系列的员工总数的相对比例。

（2）学历比例：指公司某职系（或全公司）的员工某学历占该职系（或全公司）员工总数的比例。该指标能从一定程度上反映员工的知识水平。

（3）年龄比例：指公司某职系（或全公司）的员工某年龄段占该职系（或全公司）员工总数的比例。

……

（七）各种执行表单

1. 各阶段各部门人力资源配置原则一览表（略）

2. 员工构成（总数）需求调查表（略）

3. 员工年龄结构需求调查表（略）

第二章

工作分析

　　工作分析是工作信息提取的手段，通过工作分析得到有关工作的全面信息，可对组织进行有效的管理。通常可以从两个角度理解工作分析：一是从组织的角度看，工作分析是为一系列组织和管理职能提供信息基础的一个工具；二是从人力资源管理的角度看，工作分析为组织的人员甄选、员工培训与开发、薪酬设计、劳资关系、工作设计等一系列基础职能活动提供支持。

　　工作分析在人力资源管理中的作用可概括为两个方面：一是基础地位，工作分析是人力资源管理体系的基石和信息平台；二是中心地位，工作分析对人力资源管理的其他活动起着支持作用。工作分析为人力资源规划、招聘甄选、培训与开发、绩效管理、薪酬管理和劳动关系管理等人力资源管理工作提供了基础和客观有效的信息数据。譬如，工作分析对绩效管理的作用体现在四个方面：第一，可以明确特定工作的工作职责，从而明确特定工作需要评估的绩效指标及权重，即考核什么，以及每一项考核内容所占的比重是多少；第二，可以明确工作绩效指标标准，即什么样的表现才叫合格，从而向员工指明组织的期望和目标；第三，可以明确各工作之间的联系，确定考核者，即由谁来考核这项工作，从而获得更加全面、准确的信息，并促进工作绩效的改善；第四，可以明确考核周期，即多长时间考核一次，从而使绩效考核更具时效性。

　　工作分析不仅在人力资源管理中发挥了基础作用与中心作用，在组织战略与组织管理中也起明显的作用，具体体现在：实现战略传递，明确职位边界，提高流程效率，实现权责对等，强化职业化管理，支持组织战略，优化组织结构，优化工作流程，优化工作设计，改进工作方法，完善工作相关制度和规定，树立职业化意识。

　　本章设计有4个任务，使学生在实验过程中系统学习和理解组织结构设计、岗位设计、工作分析方法和岗位分析的基本理论知识、基本原则、技能技巧和操作流程。

任务一：组织结构设计

组织结构是表明组织各部分排列顺序、空间位置、聚散状态、联系方式及各部分之间相互关系的一种模式，是整个管理系统的"框架"。组织结构是组织的全体成员为实现组织目标，在管理工作中进行分工协作，在职务范围、责任、权利方面所形成的结构体系。例如，组织中的部门结构包括总经办、职能部门、事业部、工厂、车间、班组和项目组等。再如，组织的人员结构包括管理人员、工程技术人员、行政后勤人员、生产人员、市场人员、客服人员及其他人员等。

一、实验概述

（一）实验目的

了解组织结构设计的影响因素，明确组织结构设计的基本流程、基本原理和方法，了解不同组织结构的优缺点，培养设计组织结构的能力与技巧。本实验能提升学生的资料收集、分析与整合能力，团队合作意识与协作能力，沟通能力，书面表达能力，学习能力等。

（二）实验内容

（1）确定实现组织目标所需要的活动，并按专业化分工的原则进行分类，按类别设立相应的工作类别。

（2）根据组织的特点、外部环境和目标划分工作部门，设计组织机构和结构。

（3）规定组织结构中的各种职务，明确各自的责任，并授予其相应的权利。

（4）制定规章制度，建立和健全组织结构中纵横各方面的相互关系。

（三）实验条件

该实验采用课外与课堂相结合的方式，其中课外时间2个教学周，课堂时间2个学时。基本要求：在课外实验期间，每个学生要有自己的电脑，小组组长带领本小组成员集中完成；在课堂实验期间，主要完成成果汇报与讨论分析，可在教室也可在电脑实验室完成。该实验的总时长为6个学时。

二、实验材料

（1）创办一家虚拟的企业。

基本要求如下：

1）每个小组选择家电产品、电子产品、家具产品、服装产品、饮料产品、日用品这几类产品中的任一类型作为本组织的主营业务。

2）组织的规模选择1 000人以上的大型组织、300～1 000人的中型组织、20～300人的小型组织中的任意一种。

3）每个小组所创办的企业至少包括采购供应部、生产部、技术研发部、财务部、市场部、营销部、客服部、行政部、人力资源部、后勤保安部。

（2）辅助材料。

需要用到网络或其他查找资料的渠道，以便查阅其他公司的发展史、管理制度、业务流程、组织结构体系图和组织结构手册等资料。

三、实验流程

组织结构设计实验流程主要分为五个步骤，如图2-1所示。

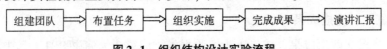

图2-1 组织结构设计实验流程

（一）步骤一：组建团队

学生5~6人一组，并且每组推选一位组长。

（二）步骤二：布置任务

教师向学生详细说明实验的相关内容，包括实验目的、实验基本要求、实验成果形式、实验完成时间、实验考核方式及实验成绩评定细则等。

（三）步骤三：组织实施

(1) 各小组组长组织本组成员对实验目的、实验基本要求、实验内容、实验成果形式、实验考核方式及实验成绩评定细则进行学习讨论，并做好人员分工和任务完成计划。

(2) 各小组成员对实验内容和实验材料进行认真研读，通过网络或其他渠道查阅其他公司的发展史、管理制度、业务流程、组织结构体系图和组织结构手册等资料，在充分研读和讨论的基础上，创办一家虚拟的企业或公司。

(3) 组织结构影响因素分析，包括外部环境分析、组织发展战略分析、技术及其他变化分析、企业发展阶段分析和企业规模分析等。具体内容查阅相关资料。

(4) 分析企业主导业务流程。在分析组织结构影响因素的基础上，进一步厘清企业未来发展战略和各项具体目标，进而明确企业的具体业务及主导业务流程，并编写业务流程图。

(5) 确定管理层次和管理幅度。企业根据确定的主导业务流程及主要业务，结合行业特点、业务范围、组织环境等因素，确定管理层次和幅度。组织的管理层次受到组织规模和管理幅度的影响。管理幅度决定了组织中的管理层次，从而决定了组织结构的基本形态（包括扁平结构形态和锥形结构形态）。设计合理的组织结构，必须确定合理的管理幅度，因此首先需要分析管理幅度的主要影响因素。

(6) 划分职能部门，确定其协作关系。管理幅度与管理层次确定好后，须完成主要职能部门的设置和划分。

(7) 绘制组织结构图。基于上述分析，以矩形框和线条绘制组织中各个部门间的上下等级关系和横向间的协作关系。

(8) 编制组织结构手册。编制组织结构设计时，要严格遵循以下四个原则：

1) 因事设置与因人设置相结合的原则。组织设计是要使"事事有人做"，而非"人人有事做"，但不能忽视人的因素。

2) 分工与协作原则。要做到分工合理，协作关系明确，每个部门和每个岗位的工作内容、工作范围、工作接口和协作关系等，都要有明确的规定。

3）权责对等的原则。为了保障分工与协作关系的落实，要明确各个部门和岗位的职责，并赋予其相应的职权。

4）命令统一的原则。命令统一的原则指的是组织中的任何成员只能接受一个上司的领导。

（四）步骤四：完成成果

各小组最终提交两项成果，成果1为实验报告，成果2为演讲PPT。其中，实验报告包括实验目的、实验过程记录、实验收获与感悟、虚拟企业或公司的组织结构体系图和组织结构手册；演讲PPT包括实验目的、实验内容、实验过程、实验收获与感悟。

（五）步骤五：演讲汇报

选取4~6个小组上台做实验成果的演讲汇报，每个小组演讲的时间为15分钟左右。各小组汇报后，由同学与教师共同提问评议，并评定成绩。未上台汇报的小组，其演讲部分的成绩由教师审阅该组的演讲PPT，并参照汇报小组的成绩进行权衡评定。演讲汇报部分总时长为2个学时。

四、实验考核

（一）成绩构成

实验成绩由成果1（实验报告）、课堂演讲和个人表现组成，其中，成果1占50%，由教师评定；课堂演讲占40%，由各小组随机选取1位同学加上教师本人共同组成测评团，教师的评分占60%，同学们的评分占40%；个人表现占10%，由各小组的组长评定本小组的同学。组织结构设计实验成绩构成如表2-1所示。

表2-1 组织结构设计实验成绩构成

项目	权重	评价主体	系数	评分（百分制）	得分
成果1（实验报告）	50%	教师	1.0		
课堂演讲	40%	教师	0.6		
		学生测评团	0.4		
个人表现	10%	小组长	1.0		
合计	100%	—		—	

（二）成绩评定细则

1. 实验报告的成绩评定细则

版面整洁，排版格式规范美观，计10分；框架结构完整，内容饱满，计20分；实验过程记录部分，真实客观、详细完整、逻辑清楚，计20分；实验收获与感悟部分，实事求是、有理有据、陈述深刻，计20分；实验主要内容部分，组织结构选择恰当可行，组织结构设计美观，组织结构手册语句通顺、用词准确、条理清晰、分析深入，计30分。

2. 演讲汇报的成绩评定细则

PPT展示的主体内容完整，重点突出，计20分；PPT制作美观、简洁，多媒体运用恰当，计20分；演讲人员表达通顺、声音洪亮、肢体语言得体，计30分；演讲人员对问题及疑问的解答准确，计30分。

3. 个人表现的成绩评定细则

态度分，积极主动、热情认真、服从任务安排，计30分；数量分，除了完成正常工作任务外，还超额完成了其他工作，计20分；质量分，工作任务完成较好，无明显失误和不足，计30分；效率分，完成各项工作任务的速度快、准确度高，计20分。

任务二：岗位设计

岗位设计是指对岗位内容、岗位职责、岗位间关系等内容进行规范设计的过程。组织可通过岗位设计，规定每个岗位的任务、责任、权利及与组织中其他岗位的关系。

岗位设计既要能促进组织目标的实现，又要注重调动员工的积极性，提高员工的工作效率和满意度；确保职位管理有序化；建立多重职业发展的通道，为职位的轮换奠定基础；提高组织绩效。

一、实验概述

（一）实验目的

了解岗位设计的目的、岗位设计的原则、岗位设计应考虑的因素；理解与掌握岗位体系设计的实施、岗位内容设计的主要任务和方法。

本实验能提升学生对理论知识的运用能力，培养学生对资料的收集、分析与整合能力，强化团队合作意识，提高协作能力、沟通能力、书面表达能力、学习能力等。

（二）实验内容

岗位设计包含两个层面的设计：一是岗位体系设计，从组织的宏观角度出发，对组织内部岗位的配置情况，尤其是岗位、职能间的关系做出规划和设计；二是岗位内容设计，从岗位本身出发，对岗位的职能、职责、权限及需要的知识、技能、素质等诸多具体内容进行分析与规划设计。

（三）实验条件

该实验采用课外与课堂相结合的方式，其中课外时间2个教学周，课堂时间2个学时。基本要求：在课外实验期间，每个学生要有自己的电脑，小组组长带领本小组成员集中完成；在课堂实验期间，主要完成成果汇报与讨论分析，可在教室也可在电脑实验室完成。该实验的总时长为6个学时。

二、实验材料

（1）每个小组以本章任务一所创办的虚拟企业为基础，在采购供应部、生产部、技术研发部、财务部、市场部、营销部、客服部、行政部、人力资源部、后勤保安部中任选5个部门。

（2）每个小组为所挑选的5个部门设置相应的岗位。

三、实验流程

岗位设计实验流程主要分为五个步骤,如图 2-2 所示。

图 2-2　岗位设计实验流程

(一) 步骤一:组建团队

学生 5~6 人为一组,并且每组推选一位组长。

(二) 步骤二:布置任务

教师向学生详细说明实验的相关内容,包括实验目的、实验基本要求、实验成果形式、实验完成时间、实验考核方式及实验成绩评定细则等。

(三) 步骤三:组织实施

(1) 各小组组长组织本组成员对实验目的、实验基本要求、实验内容、实验成果形式、实验完成时间、实验考核方式及实验成绩评定细则进行学习讨论,并做好人员分工和任务完成计划。

(2) 岗位设计影响因素分析。岗位设计影响因素分析包括组织的目标和功能分析,组织结构分析、工作流程分析、工作环境分析、工作时间分析,员工的开发与激励分析,技术、工艺、设备的要求分析。具体内容查阅相关课本或文献资料。

(3) 各部门内外业务梳理及岗位配置。职能部门确定后,企业需对各部门进行工作分析,规定职责范围、工作关系及工作环境等,设置部门岗位,明确岗位人员应具备的素质、知识、技能等条件。

(4) 部门规章制度的制定与完善。根据业务流程图、各部门业务与责权等制定各部门相应的规章制度,实现企业管理规范化。

(5) 修订与完善组织结构手册。撰写制度文件,并在组织结构设计实验的基础上对组织结构手册进行修订与完善,在实际工作中不断使用。

(6) 岗位设计时,要严格遵循七条原则:①战略导向原则;②激励作用原则;③整分合原则;④责权统一原则;⑤管理幅度适宜原则;⑥专业化原则;⑦权变原则。

(四) 步骤四:完成成果

各小组用 6 个学时完成两项成果,成果 1 为实验报告,成果 2 为演讲 PPT。其中,实验报告包括实验目的、实验主要内容(组织目标、组织结构与工作流程分析;5 个部门的岗位结构图;部门规章制度;组织结构手册等)、实验过程记录、实验收获与感悟。PPT 主要包含本次实验成果,即岗位体系设计与岗位内容设计。

(五) 步骤五:演讲汇报

选取 4~6 个小组上台做实验成果的演讲汇报,每个小组演讲的时间为 15 分钟左右。各小组汇报后,由同学与教师共同提问评议,并评定成绩;未上台汇报的小组,其演讲部分的成绩由教师审阅该组的演讲 PPT,并参照汇报小组的成绩进行权衡评定。演讲汇报部分总时长为 2 个学时。

四、实验考核

(一) 成绩构成

实验成绩由成果1（实验报告）、课堂演讲和个人表现组成，其中，成果1占50%，由教师评定；课堂演讲占40%，由各小组随机选取1位同学加上教师本人共同组成测评团，教师的评分占60%，同学们的评分占40%；个人表现占10%，由各小组的组长评定本小组的同学。岗位设计实验成绩构成如表2-2所示。

表2-2 岗位设计实验成绩构成

项目	权重	评价主体	系数	评分（百分制）	得分
成果1（实验报告）	50%	教师	1.0		
课堂演讲	40%	教师	0.6		
		学生测评团	0.4		
个人表现	10%	小组长	1.0		
合计	100%	—	—	—	—

(二) 成绩评定细则

1. 实验报告的成绩评定细则

版面整洁，排版格式规范美观，计10分；框架结构完整，内容饱满，计20分；实验主要内容部分，岗位结构设计合理，语句通顺，用词准确，条理清晰，分析深入，计30分；实验过程记录部分，真实客观、详细完整、逻辑清楚，计20分；实验收获与感悟部分，实事求是、有理有据、陈述深刻，计20分。

2. 演讲汇报的成绩评定细则

PPT展示的主体内容完整，重点突出，计20分；PPT制作美观、简洁，多媒体运用恰当，计20分；演讲人员表达通顺、声音洪亮、肢体语言得体，计30分；演讲人员对问题及疑问的解答准确，计30分。

3. 个人表现的成绩评定细则

态度分，积极主动、热情认真、服从任务安排，计30分；数量分，除了完成正常工作任务外，还超额完成了其他工作，计20分；质量分，工作任务完成较好，无明显失误和不足，计30分；效率分，完成各项工作任务的速度快、准确度高，计20分。

任务三：工作分析方法

工作分析方法是指在实施工作分析时需要对所分析岗位的信息进行收集而选取的技术手段。工作分析的不同内容决定了工作分析调查的侧重点及所收集信息不同，也决定了工作分析所采用的方法会有所不同。

工作分析的方法很多，通常可以分为四大类：通用工作信息收集方法、以人为基础的系统性方法、以工作为基础的系统性方法、传统工业企业职位分析方法。企业在实施工作分析时，根据本企业的实际情况，选择适宜的工作分析方法是工作分析成功的关键。

一、实验概述

（一）实验目的

了解访谈法和问卷法的基本内涵、注意事项、优缺点和适用范围；掌握访谈法和问卷法的操作流程；能够设计访谈提纲和问卷调查表。

本实验能提升学生对理论知识的运用能力；培养学生对资料的收集、分析与整合能力，强化团队合作意识，提高协作能力、沟通能力、构思设计能力、书面表达能力、学习能力等。

（二）实验内容

（1）设计工作分析的访谈提纲和调查问卷。

（2）进行实地访谈和发放调查问卷。

（三）实验条件

本实验在课外进行，每个学生要有自己的电脑，小组组长带领本小组成员集中完成。访谈提纲和问卷调查表的设计为4个学时，实地访谈和问卷调查为4个学时，共计8个学时。

二、实验材料

每个小组自己联系现实中的某一单位，然后选择3个岗位，通过访谈和发放调查问卷两种形式收集各岗位的信息，确保所收集到的信息真实有效。

三、实验流程

工作分析方法实验流程主要分为四个步骤，如图2-3所示。

图2-3　工作分析方法实验流程

（一）步骤一：组建团队

学生5~6人一组，并且每组推选一位组长。

（二）步骤二：布置任务

教师向学生详细说明实验的相关内容，包括实验目的、实验基本要求、实验成果形式、实验完成时间、实验考核方式及实验成绩评定细则等。

（三）步骤三：组织实施

（1）各小组组长组织本组成员对实验目的、实验基本要求、实验内容、实验成果形式、实验考核方式及实验成绩评定细则进行学习讨论，并做好人员分工和任务完成计划。

（2）查阅参考资料。学生通过网络或其他渠道查阅更多与工作分析相关的访谈提纲和调查问卷，并进行认真研读和讨论。

（3）编制访谈提纲和问卷调查表。访谈提纲参考模板见本章附录2-1，问卷调查表参考模板见本章附录 2-2。

(4) 教师审核访谈提纲和问卷调查表。
(5) 学生修订与完善访谈提纲和问卷调查表。
(6) 学生联系被调研的单位或岗位任职人员。
(7) 学生现场访谈和发放调查问卷。两种方法的基本操作流程详见课本或文献资料。
(8) 整理加工调研信息，并形成成果。采用访谈法实施工作分析需注意的事项及技巧和采用问卷法实施工作分析需注意的事项详见课本或文献资料。

(四) 步骤四：完成成果

各小组在课外完成。首先在 1 周时间内编制好访谈提纲和调查问卷，并交由任课教师审阅；然后各小组根据教师的审阅意见对访谈提纲和调查问卷进行修改和完善；最后各小组在 1 周时间内完成实地调研。实验成果 1 项，即实验报告，内容包括实验目的、实验主要内容（访谈提纲、调查问卷、调研记录和调查问卷原始信息资料）、实验过程记录、实验收获与感悟等。

四、实验考核

(一) 成绩构成

实验成绩由实验报告和个人表现两部分组成，其中实验报告占 70%，由教师评定；个人表现占 30%，由各小组的组长评定。工作分析方法实验成绩构成如表 2-3 所示。

表 2-3　工作分析方法实验成绩构成

项目	权重	评价主体	系数	评分（百分制）	得分
成果（实验报告）	70%	教师	1.0		
个人表现	30%	小组长	1.0		
合计	100%	—	—	—	

(二) 成绩评定细则

1. 实验报告的成绩评定细则

版面整洁、排版格式规范美观，计 10 分；框架结构完整，内容饱满，计 20 分；实验主要内容部分，语句通顺、用词准确、条理清晰、分析深入，计 30 分；实验过程记录部分，真实客观、详细完整、逻辑清楚，计 20 分；实验收获与感悟部分，实事求是、有理有据、陈述深刻，计 20 分。

2. 个人表现的成绩评定细则

态度分，积极主动、热情认真、服从任务安排，计 30 分；数量分，除了完成正常工作任务外，还超额完成了其他工作，计 20 分；质量分，工作任务完成较好，无明显失误和不足，计 30 分；效率分，完成各项工作任务的速度快、准确度高，计 20 分。

附录2-1 访谈提纲示例

访谈提纲

岗位目标	1. 此岗位的工作目标是什么？ 2. 此岗位最终要取得什么结果？ 3. 从公司的角度看，这个岗位具有什么意义和作用？
岗位地位	1. 公司上级对此岗位作用的评价如何？ 2. 此岗位直接为哪个部门或个人效力？ 3. 哪些岗位与此岗位同属一个部门？ 4. 此岗位一年所需的各种经费（比如经营预算、销售额、用于员工本身的开销）是多少？
内外关系	1. 你依据怎样的原则、规章制度和人事制度办事？ 2. 此岗位的行为或决策受哪个部门或岗位的控制？ 3. 在公司内，此岗位与哪些部门或岗位的工作联系最频繁？有哪些联系？ 4. 你是否需要经常会见上司，商讨或者汇报工作？ 5. 通常，你需要与上司讨论什么问题？ 6. 你有下属吗？若有，哪些职位由你管辖？有多少人？分别是谁？ 7. 在公司外，此岗位与哪些部门或个人的工作联系最频繁？有哪些联系？ 8. 此岗位需要出差吗？频率如何？经常去哪里出差？为什么出差？
工作中的问题	1. 你认为此工作对你最大的挑战是什么？ 2. 你对此工作最满意和最不满意的地方分别是什么？ 3. 此工作需要解决的关键问题是什么？ 4. 你面临的问题是否各不相同？不同之处表现在哪些方面？ 5. 你处理问题时有无指导或先例可参照？有哪些参照依据？ 6. 你在工作中遇到的问题，在多大程度上是可预测的？ 7. 你对哪些问题有自主权？ 8. 哪些问题你需要提交上级处理？ 9. 你是否经常请求上司的帮助，或者上司是否经常检查或指导你的工作？ 10. 你的上司如何指导你的工作？ 11. 你是否有机会采取新方法解决问题？
工作成果	1. 你在工作中能够取得什么成果？其中最重要的成果是什么？ 2. 通常可以用什么标准衡量你的工作成果？ 3. 上司对工作任务的完成情况是否起决定性作用？
岗位要求	1. 此岗位要求任职者具有哪些专业技术能力？请按重要程度列出，并举出工作中的实例来说明。 2. 通过脱产培训还是在职培训来掌握这个岗位所需的专业技术？ 3. 此岗位要求任职者具备哪些知识？请按重要程度列出，并举出工作中的实例来说明。 4. 此岗位要求任职者具备哪些能力？请按重要程度列出，并举出工作中的实例来说明。 5. 此岗位对任职者的职业道德要求是什么？

附录2-2 岗位分析调查问卷模板

岗位分析调查问卷

亲爱的先生/女士，您好！

　　最近我们公司在开展岗位分析工作，诚盼得到您的理解与支持。此次调查的目的在于了解您所在岗位的工作职责等相关信息，以便我们共同做好该岗位的相关工作。我们保证对您填写的内容保密，所以请您务必据实填写。

　　最后，对您的配合与支持深表感谢！

一、岗位基本信息

岗位名称：

岗位编号：

所属部门：

主管部门：

直接主管：

直属下级：

二、岗位设置的目的

企业为什么要设置本岗位，它的目的与作用是什么？

三、岗位职责与权限

按重要性高低顺序列举说明本岗位的工作职责，职责周期分为每日、一定时期内与偶尔担负三种类型。

1. 每日必做的工作

序号	主要工作内容	花费的时间比	考核标准	备注
1				
2				
3				
…				

2. 一定时间内必做的工作（周/月/季/半年/年）

序号	主要工作内容	花费的时间比	考核标准	备注
1				
2				
3				
…				

3. 偶尔需要做的工作

序号	主要工作内容	花费的时间比	考核标准	备注
1				
2				
3				
…				

4. 该岗位的工作权限都有哪些？（包括决策权、审核权、批准权、监督指导权、建议权、修改权、保密权、资源支配权、用人权、提名权、奖罚权、检查权、考核权等）

5. 以上所列举的权限范围有多大？做出的决定是否要由他人审核？如果要，由谁审核？

6. 本岗位所受到的监督与管理。

本岗位需要接受哪些监督和管理？接受的程度如何？通过下列情况加以确定，并在开头的横线上打钩。

_____直接。任职者的工作简单重复进行，工作处于明确、具体的指导下，基本上每天都接受指导。

_____严密性。任职者要求按程序工作，从上级部门接受任务安排。

_____一般性。任职者可以有计划地安排自己的工作，但需要不定期地与上级商讨例外的、复杂的问题。

_____有限性。任职者根据一定的目标与指导，计划自己一定时期（每月）内的工作。

_____宏观指导。任职者可以独立地计划与实施自己的主要工作，只需要在目标方向上与主管者的要求保持一致。

_____自主性。任职者可以自主地确定工作目标，绩效标准只需与他人协商即可，不需要征得上级同意。

7. 假如您的工作出现失误，将可能：

A. 造成较为严重的经济损失　　B. 造成一般的经济损失

C. 影响公司的管理效率　　D. 影响部门的管理效率

E. 使公司形象受到一定影响　　F. 影响公司的业务拓展

G. 其他可能造成的损失或影响（请在补充中注明）

若有补充，请说明：

8. 假如您的工作出现失误，可能影响的范围是：

A. 不影响其他人工作的正常进行　　B. 本部门内少数人

C. 整个部门　　D. 其他几个部门

E. 整个公司

若有补充，请说明：

9. 在一般情况下，遇到何种情况需要向您的上级主管汇报？

A. 遇到重大决策或方向性问题才请示汇报

B. 工作中的关键问题需要请示汇报

C. 工作中的一般疑难问题需要请示汇报
D. 工作中的任何问题均需要请示汇报

若有补充，请说明：

10. 工作时间及负荷分析

工作时间

是否经常按时上下班	是 否
岗位工作是否忙闲不均	是 否
若工作忙闲不均，则最忙状态发生在哪段时间	（ ）至（ ）
是否需要经常出差	是 否
若需要经常出差，则外出时间所占比重为多少	比重（ ）

工作负荷

轻松：工作的节奏、时限可以自己掌握，没有紧迫感
正常：大部分时间的工作节奏、时限可以自己掌握，有时比较紧张，但持续时间不长，一般没有加班情况
满负荷：工作的节奏、时限无法自己控制，明显感到紧张，出现少量加班
超负荷：完成每日工作须加快工作节奏，持续保持注意力的高度集中，经常感到疲劳，有经常加班的现象

11. 工作失误分析

容易失误的工作活动或环节	工作环境	产生的原因	产生的后果
为了防止失误的发生，需要注意什么问题？如何避免？			

四、工作关系

内外关系	组织、部门或岗位	发生关系内容	频率
与组织内部各岗位发生工作关系			
与组织外部各组织发生工作关系			

五、工作环境及条件要求

工作活动	使用设备	使用频率	所需技术及其他	工作环境

六、岗位资格条件要求

1. 基本要求。顺利完成本岗位的工作任务，对任职人员的年龄、性别、身体条件都有哪些要求？

2. 教育状况要求。顺利完成本岗位的工作任务，对任职人员的学历、学位、专业、所需培训等有哪些要求？

3. 工作经验要求。顺利完成本岗位的工作任务，对任职人员的社会工作经验、专业工作经验、管理工作经验等有哪些要求？

4. 知识要求。顺利完成或胜任本岗位的工作任务，对任职人员的专业知识、经济知识、管理知识、法律知识、外语知识、社会知识、科技知识等有哪些要求？

5. 技能要求。顺利完成本岗位的工作任务，对任职人员的工作所需技能技巧、与工作无关的技能技巧、资格证书等有哪些要求？

6. 本岗位所要求的能力及其等级。请选择代号填入括号内。

评价标准	岗位要求的能力及其等级					
	能力	等级	能力	等级	能力	等级
A 高 B 较高 C 一般 D 较低 E 低	沟通能力		口头表达能力		书面表达能力	
	信息收集能力		分析判断能力		人际理解能力	
	关系建立能力		创新能力		解决问题能力	
	学习能力		计划能力		组织能力	
	协调能力		记忆能力		观察能力	
	想象能力		时间管理能力		指挥授权能力	
	团队领导能力		指导咨询能力		变革管理能力	
	冲突管理能力		决策能力		谈判能力	

若另有补充，请说明：

7. 心理要求及其他要求。顺利完成或胜任本岗位的工作任务，对任职人员的心理素质、性格特征、品德、气质、兴趣爱好、工作态度等有哪些要求？

七、岗位职业发展方向

可以晋升的岗位有哪些？可以进行工作轮换的岗位有哪些？可以降级到哪些岗位？

八、附加说明

如工作中最大的挑战是什么，工作中您最满意和最不满意的地方是什么，您希望得到哪些方面的培训，您希望得到什么支持。

本岗位还有哪些方面需要补充说明，请列出。

填写人签名：   年 月 日

注意事项：
1. 填写人应保证以上填写的内容真实、客观，并且没有故意隐瞒。
2. 该问卷的内容作为岗位分析的重要依据，如果填写人在填写的时候发现有遗漏、错误，或其他需要说明的情况，请立即与人力资源开发部联系。

联系人：   联系电话：

任务四：岗位分析

岗位分析是指采用一定的方法和技术，了解和获取与岗位有关的详细信息的过程。岗位分析主要明确岗位的职责与权限、对任职者的要求、岗位的环境条件等内容。

岗位分析是现代人力资源管理体系建设中一项重要的基础性工作，是人力资源管理与开发的基石。岗位分析的结果是形成岗位说明书。岗位说明书最主要的内容包括岗位描述和岗位规范（或称任职资格、岗位要求）两部分。

一、实验概述

（一）实验目的

了解岗位分析的主要内容，认识岗位分析的意义和作用，进一步理解岗位分析各种方法的内涵、操作流程及优缺点，尤其学会运用访谈法和问卷调查法收集信息。然后，根据所收集到的信息学习岗位说明书的编写。本实验能提升学生对资料的收集、分析与整合能力，团队合作意识与协作能力，沟通能力，书面表达能力，学习能力等。

（二）实验内容

编写3个岗位的岗位说明书。岗位说明书由两个部分组成，一是岗位描述，二是岗位规范。岗位说明书的内容至少应该包含工作识别信息、职责概要、工作内容、工作关系、任职资格、工作环境条件等6个主要部分。

（三）实验条件

可选择在电脑实验室完成，也可选择课外完成。若在实验室完成，须保证每个学生都有电脑可用，且小组成员集中而坐，便于讨论交流；若在课外完成，每个学生要有自己的电脑，小组组长带领本小组成员集中完成。该实验的总时长为4个学时。

二、实验材料

（1）每个小组以任务三所收集到的3个岗位的访谈信息和问卷信息为基础资料。
（2）通过网络或其他渠道所查阅到的相关岗位的岗位说明书。

三、实验流程

岗位分析实验流程主要分为四个步骤,如图 2-4 所示。

图 2-4 岗位分析实验流程

(一) 步骤一:组建团队

学生 5~6 人一组,并且每组推选一位组长。

(二) 步骤二:布置任务

教师向学生详细说明实验的相关内容,包括实验目的、实验基本要求、实验成果形式、实验完成时间、实验考核方式及实验成绩评定细则等。

(三) 步骤三:组织实施

(1) 各小组组长组织本组成员对实验目的、实验基本要求、实验内容、实验成果形式、实验完成时间、实验考核方式及实验成绩评定细则进行学习讨论,并做好人员分工和任务完成计划。

(2) 各小组成员对实验材料进行认真研读,充分讨论后形成岗位说明书的初步框架。

(3) 查阅参考资料。学生通过网络或其他渠道查阅其他公司的岗位说明书,在充分研读和讨论的基础上,对岗位说明书的初步框架进行修改和完善。

(4) 编写 3 个岗位的岗位说明书。岗位说明书由两个部分组成:一是岗位描述;二是岗位规范。详细内容如下:

1) 岗位描述。岗位描述的内容主要包括岗位识别信息、岗位概要、岗位职责、工作关系、工作条件与物理环境。这些信息反映了岗位编号、岗位名称、汇报关系、所属部门、直属主管、工资等级、工资标准、工作性质、工作地点等。

岗位识别信息是一个岗位区别于另一个岗位的信息,包括岗位编号、岗位名称、所属部门、直接主管及其他相关信息。其他相关信息主要包括工资信息,即工资标准、工资等级等;编写日期,即编写岗位说明书的时间;岗位分析人,即谁完成岗位分析任务;审核人,即谁负责审核确认;确认时间,即完成审核工作的时间。

岗位概要,又称岗位概述,是对工作内容的简单概括,通常用简洁、明确的语言说明岗位的工作特征及主要工作范围,包括该岗位的主要职责、工作范围与工作目的等。工作概要的格式为工作范围+工作职责+工作目的。例如,某公司财务部经理的工作概要是"全面负责公司财务管理及财务策划,确保公司资金的正常运作"。

岗位职责说明本职务的工作任务、培训、指导、服务、计划、沟通等方面的职能及各种责任。岗位职责详细说明了本岗位所要承担和完成的工作内容,逐项说明岗位工作活动的内容、各活动内容所占时间百分比、活动内容的权限、执行的依据等。

2) 岗位规范。岗位规范又称岗位要求或任职资格,是指任职者胜任该项工作岗位所必须具备的基本资格与条件,主要有年龄、身体状况、受教育程度、相关工作经历、个性特征、能力、基本技能、其他特殊要求等。

（四）步骤四：完成成果

各小组用4个学时完成1项成果，即岗位说明书。

四、实验考核

（一）成绩构成

实验成绩由岗位说明书和个人表现两部分组成，其中岗位说明书占70%，由教师评定；个人表现占30%，由各小组的组长评定。岗位分析实验成绩构成如表2-4所示。

表2-4　岗位分析实验成绩构成

项目	权重	评价主体	系数	评分（百分制）	得分
成果（岗位说明书）	70%	教师	1.0		
个人表现	30%	小组长	1.0		
合计	100%	—	—	—	

（二）成绩评定细则

1. 岗位说明书的成绩评定细则

版面整洁，排版格式规范美观，计20分；框架结构完整，内容饱满，计30分；岗位说明书主要内容部分，语句通顺、用词准确、条理清晰、分析深入，计50分。

2. 个人表现的成绩评定细则

态度分，积极主动、热情认真、服从任务安排，计30分；数量分，除了完成正常工作任务，还超额完成了其他工作，计20分；质量分，工作任务完成较好，无明显失误和不足，计30分；效率分，完成各项工作任务的速度快、准确度高，计20分。

招聘与面试

通过人力资源规划，可明确组织在实现战略目标的过程中存在的"人力资源缺口"。招聘工作是弥补"人力资源缺口"的重要手段，因此，招聘工作要以人力资源规划为纲，并将这一理念切实地体现在每一个招聘环节中。

此外，招聘环节还是人力资源进入组织的重要入口。所以，招聘的过程及结果的有效性是组织实现"人职匹配"的重要保证。

从以上"战略性"和"人职匹配"的要求出发，本章依据组织招聘活动的常规流程进行了"内部招聘"和"外部招聘"两项任务的设计。一方面，强化学生的"战略性招聘"理念，引导学生将"战略性"落实到招聘活动中去；另一方面，使学生熟悉招聘工作的流程和工具，提升学生在招聘活动中的组织能力和操作技能。

任务一：内部招聘

内部招聘是指在组织出现职务空缺后，从组织内部选择合适的人选来填补这个空缺。

组织需要人才的时候，通常会优先考虑内部招聘，主要是因为内部招聘能够保证组织文化的一致性，避免用人失误，激励员工，以及降低成本等。当然，如果组织想在更大的范围内寻求卓越人才，或者想避免内部招聘有可能导致的"活力降低""形成小团体"等问题，则会更倾向于外部招聘。

组织内部招聘的主要方式有内部推荐和竞聘上岗，不论是哪种方式，都将经过条件审核、面试、笔试、复试、录用等主要环节。组织内部招聘的一般流程如图3-1所示。此流程中的各项活动除适用于内部招聘的"招聘公告程序"以外，其他活动与外部招聘中的活动一致，对应的实验任务见本章"任务二"。

一、实验概述

选定一家组织，获取相关资料并确认内部招聘的岗位。在此基础上，学生编写内部招聘公告并设计招聘报名表。

通过编写内部招聘公告，学生将掌握编写公告的基本要点和规范。

本次实验以小组为单位，每组 2~4 人，约需 2 个学时。实验中需要用到电脑和网络。

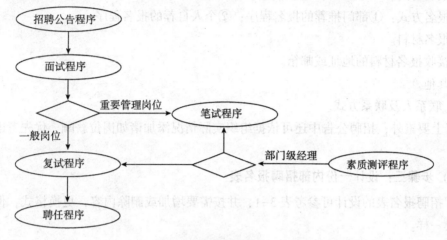

图 3-1　组织内部招聘的一般流程

二、实验材料

材料一："人力资源规划"一章的实验材料和实验结果。

材料二：由学生自行联系一家组织，获取该组织的两大类信息：一是基本信息，包括组织规模、历史、产品、市场、组织结构、人员队伍、发展规划等；二是人力资源管理方面的信息，特别是与本实验相关的各类信息资料，例如年度人力资源规划、招聘计划、职位说明书等。

材料三：由学生在互联网上选定一家组织。网络上一般有关于该组织在战略规划方面的较充分的信息，以及某职位的外部招聘信息，便于学生将战略与招聘需求相联系，并假设将为该职位进行内部招聘。指导老师可引导实验小组尽量选择不同行业的组织，如互联网行业、制造业、金融业、教育文化行业、餐饮服务业、运输仓储业、贸易行业等。

三、实验流程

（一）步骤一：明确招聘的职位

小组成员认真研读组织的相关资料，交流、讨论组织的战略、文化、组织架构、市场业务等，并明确此次内部招聘的职位。

（二）步骤二：参照职位说明书，编写内部招聘公告

各小组自行设计招聘公告的格式，注意公告格式、布局要尽量与内容匹配。招聘公告首先需要陈述清楚招聘的战略性目的。此外，招聘公告的内容还必须包括以下要素：

（1）招聘岗位。

（2）岗位职责。

（3）资格条件。

（4）招聘程序。

（5）报名要求。

1）报名时间。

2）报名方式：①部门推荐的报名程序；②个人自荐的报名程序。

3）报名材料。

4）接收报名材料的地址或邮箱。

5）其他。

（6）联系人及联系方式。

除以上要素外，招聘公告中还可依据组织实际情况添加诸如岗位薪酬、优先考虑的条件等要素。

（三）步骤三：设计一份内部招聘报名表

内部招聘报名表的设计可参考表3-1，并按需要增加或删除内容，更换格式，但不可与样表一模一样。

（四）步骤四：选择恰当的内部招聘公告发布渠道发布招聘公告（可略）

表3-1　内部招聘报名表（样表）

基本信息					
姓名		部门		现岗位	
到公司时间		学历		专业	
毕业院校					
联系方式					
竞聘岗位					
工作经历（含来公司前后，注明时间、部门、岗位及职务）					
参加培训情况（含来公司前后，培训课程名称、培训期限）					
在公司期间主要工作业绩描述（可另附页）					
对应聘岗位的工作设想（请附另页）					

（五）步骤五：设计一份临时招聘需求申请表

以上内部招聘的依据是组织事先制定好的年度人力资源规划，但任何组织都存在临时的人力资源需求。对于未列入年度人力资源预测的人员需求，可由各部门的负责人填写临时招聘需求申请表，说明未列入年度人力资源预测的原因，经主管领导审核审批之后，由人力资源管理部门组织实施。临时招聘需求申请表的设计可参考样表3-2，并按需要增加或删除内容，更换格式，但不可与样表一模一样。

表3-2 临时招聘需求申请表（样表）

申请部门			招聘职位及职级		
编制情况（该职位）	编制人数：	现有人数：		拟招聘人数：	
填补理由	□扩大编制 □人才储备		申请日期	年 月 日	
	□离职补充 □短期需要		希望到岗日期	年 月 日	
注：新增职位须填写职位说明书（请附于此表后），如编制内需求，可不提交					
招聘条件	性别：□男 □女 □不限		婚姻状况：□已婚 □未婚 □不限		
	年龄： 岁至 岁		学历：□本科及以上 □专科 □高中及以下		
	任职条件	1.			
		2.			
		3.			
		…			
	岗位职责	1.			
		2.			
		3.			
		…			
	其他要求				
该职位建议职级、薪级或标准：					
用人部门意见： 签名： 年 月 日					
人力资源部门意见： 签名： 年 月 日					
公司领导意见： 签名： 年 月 日					

四、实验考核

实验指导教师需要对每一实验小组在三个方面进行考核：一是对实验完成的"及时性"进行考核；二是对招聘目的中的"战略性"是否落地进行考核；三是对实验中的五个步骤进行考核。内部招聘实验考核表如表 3-3 所示。

表 3-3　内部招聘实验考核表

	评价指标	指标分	得分	步骤分	任务分
步骤一 （可略）	明确招聘的职位				
步骤二 （50 分）	战略性目的	10			
	要素齐备	15			
	逻辑清晰、表述明确易懂	15			
	页面布局合理	10			
步骤三 （20 分）	信息完善	5			
	重点突出	5			
	页面布局合理	10			
步骤四 （可略）	发布渠道和方式的恰当性				
步骤五 （20 分）	信息完善	5			
	重点突出	5			
	页面布局合理	10			
实验进度 （10 分）	实验的计划性和完成的及时性	10			

注：步骤二和步骤四的结果若与样表一模一样仅得 5 分。

任务二：外部招聘

外部招聘是组织补充所需人才，特别是稀缺人才、高层次人才的主要渠道。中基层人员的外部招聘更可能由组织自行操作，高层次人才的外部招聘有时会借助猎头公司的力量。猎头公司寻找、筛选到的对象还会由组织进一步考察。组织外部招聘的一般流程如图 3-2 所示。

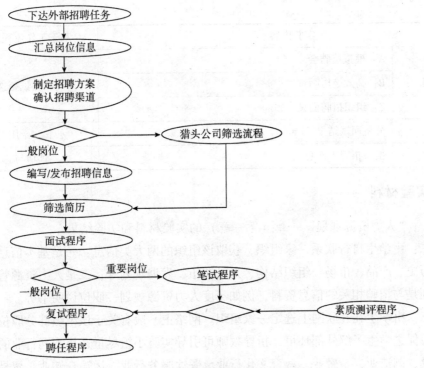

图 3-2　组织外部招聘的一般流程

一、实验概述

选定一家组织,获取相关资料,并确认外部招聘的职位。在此基础上,学生撰写招聘计划,设计招聘广告,学习选择恰当的招聘渠道。同时,采用情景模拟的方式,组织一次招聘和面试。通过本次实验,学生能够熟悉外部招聘的流程,掌握外部招聘中主要环节的基本操作。

外部招聘实验内容的设计如表 3-4 所示。实验共包含六个步骤,其中,材料准备、撰写招聘计划、招募、录用、评估与总结等五个步骤均以小组为单位,每组 4~6 人,约需 4 个学时。面试甄选这一步骤则以班级为单位,各小组加入其中,扮演不同的公司,约需 2 个学时。实验中需要用到电脑和网络。

表 3-4　外部招聘实验内容

	实验内容	基于工作流程的步骤
步骤一	选择并了解招聘企业,成立招聘部门	材料准备
步骤二	A:制订招聘计划,确定外部招聘岗位	撰写招聘计划
	B:设计招聘广告	
	C:分析招募来源与方式(媒体)	
步骤三	发布招聘信息	招募

续表

实验内容		基于工作流程的步骤
步骤四	A：模拟招聘会	面试甄选
	B：高效简历筛选	
	C：组织招聘面试	
步骤五	分析面试结果	录用
步骤六	撰写招聘工作总结	评估与总结

二、实验材料

材料一："人力资源规划"一章（第一章）的实验材料和实验结果。

材料二：由学生自行联系一家组织，获取该组织的两大类信息：一是基本信息，包括组织规模、历史、产品、市场、组织结构、人员队伍、发展规划等；二是人力资源管理方面的信息，特别是与招聘相关的信息资料，例如年度人力资源规划、职位说明书等。

材料三：由学生在互联网上选定一家组织。网络上一般有关于该组织部分职位的外部招聘信息。为促进学生了解外部环境，指导教师可引导实验小组尽量选择不同行业的组织，如互联网行业、制造业、金融业、教育文化行业、餐饮服务行业、运输仓储业、贸易行业等。

三、实验流程

（一）步骤一：选择并了解招聘企业，成立招聘部门

（1）指导教师引导学生分组，各实验小组确定本组的实验材料，并扮演组织的招聘部门。

（2）各实验小组由指导教师充当人力资源总监，再选定1名组长，同时担任招聘经理；选定1名副组长，担任招聘主管；其余组员担任招聘专员。

（3）各实验小组充分了解本组织的战略、文化、组织架构与市场业务。

（二）步骤二/A：制订招聘计划，确定外部招聘职位

使用材料一时，各实验小组在充分了解组织现状的情况下，讨论既定的人力资源规划，按照弥补人力资源缺口所需的招聘政策制订一份外部招聘计划表。外部招聘计划表（样表）如表3-5所示。

使用材料二或材料三时，因为没有既定的人力资源规划，新成立的招聘部门就只能依据组织现状和战略目标进行讨论，找出符合战略需要且目前较为紧缺的人力资源类型，结合组织结构和职位设置，确定3~5个拟进行外部招聘的职位类型及相应的数量，制订一份外部招聘计划表。

一份合格的招聘计划应当包括以下内容：

（1）阐明人员需求信息。首先，说明此次招聘需求的来源，是属于人力资源计划中明确规定的人员需求信息，还是属于部门经理提交的临时招聘申请，并已经相关领导批准。其

次，准备人员需求清单，包括招聘的职位名称、人数、任职资格等内容。

（2）确定招聘范围、规模、来源和方式（媒体）。有历年招聘数据的实验小组可以采用"金字塔"模型计算招聘规模，缺少历年数据的可忽略招聘规模。此外，各实验小组需要在计划书中对几种常见招聘媒体的费用和预期效果进行比较并做出决策。

（3）确定招聘小组成员的名单，包括人员姓名、职务、各自的职责。

（4）确定考核方案，包括考核题目的类型、题目设计者的姓名、考核的场所、大体时间等。

（5）明确招聘预算，包括资料费、广告费、参加人才交流会的费用等。

（6）编制招聘工作时间表，包括招聘信息的发布时间、截止时间，招聘考核的时间，成绩公布的时间，新员工的上岗时间等。时间表的编制，要求先设定好新员工的上岗时间，然后使用时间流逝数据法来确定招聘总时长或调整各招聘步骤的时长。

（7）附上招聘广告样稿。

表3-5 外部招聘计划表（样表）

公司名称				填表日期			
招聘职位	岗位职责	招聘人数	专业及学历要求	任职资格	招聘时间	计划到岗时间	备注
计划说明							
招聘成本预算							
备注							
招聘主管意见				人力资源总监意见			

（三）步骤二/B：设计招聘广告

1. 审核招聘职位的工作说明书

这一环节中要明确职位的工作职责、任职资格、工作关系、工作时间、工作地点、工作条件、薪资待遇等，并与该职位的主管沟通，确认工作说明书不存在与实际情况脱节的现象。

2. 设计招聘广告

（1）招聘部门设计的招聘广告可以是视频、海报等形式。但无论哪一种形式的广告，其构思和设计均要遵循 AIDA 原则，即：Attention，广告要吸引人注意；Interest，广告要激起人们对空缺职位的兴趣；Desire，广告要唤起人们应聘的欲望；Action，广告要促使人们采取应聘行动。在此基础上，一份合格的招聘广告还必须具备以下信息：

1）企业价值观或使命。

2）企业的名称、标识与企业所从事的业务。

3）招聘岗位的信息，包括职位名称、职位意义（此职位在企业中的地位与作用，目的是让应聘者明确企业对职位的期望）、职位的职责与任务、任职资格（KASO：Knowledge，基本知识；Ability，能力；Skill，技巧；Others，其他特质）。

4）需申请者提供的信息。招聘广告中对应聘者应提供的信息需要提出明确要求，一般包括简历（如果工作中需要用到外语，则应当要求中英文简历）、学历和学位复印件、相关的资格证书、身份证复印件等。

5）时间信息。招聘广告中应当明确广告的截止时间与安排面试的时间，使申请者心中有数。

6）联系信息。联系信息包括联系部门（表明单位程序正规）、联系人、联系方式（电子邮件、通信地址、联系电话、传真等）。

（2）招聘广告中要避免出现以下错误：

1）没有招聘单位的全称，让读者对企业的可信度产生怀疑，至少无法了解企业的经营范围。

2）没有关于招聘职位的工作信息，即没有写清楚所招聘岗位的主要职责与任务。

3）对人的自然属性进行限制，即对年龄、性别、身高等提出了要求，有歧视倾向。

4）能力要求太笼统，例如"出众的中英文书写及沟通技巧"，"出众"一词过于模糊，"社会关系良好"，"良好"是指关系融洽还是关系广泛，没有明确定义。

5）要求过高或过于全面。

6）令人不愉快的用语，例如"谢绝来电与来访"。

（四）步骤二/C：分析招募来源与方式（媒体）

小组成员深入讨论招聘职位的特征，选择恰当的招募来源，例如学校、竞争对手、失业者或老年群体等，进而讨论与来源相匹配的信息发布媒体，并通过网络等方式了解相应的信息发布成本，最终确定合适的信息发布方式。以上讨论结果均反映在招聘计划中。

步骤二结束后，各招聘部门（实验小组）向人力资源总监（指导教师）提交招聘计划书及招聘广告，由其审阅。然后，根据人力资源总监（指导教师）的修改意见进一步完善成果并定稿。

（五）步骤三：发布招聘信息

（1）实验小组在课前准备好招聘视频或者招聘海报。招聘海报需要打印出来张贴在教室内的墙壁上（请注意使用易清理的方式张贴，以便课后回收）。

（2）各实验小组在课堂上利用多媒体进行 5 分钟左右的企业招聘宣讲，由指导教师进行点评。

（3）指导教师安排部分学生模拟应聘者，针对各企业发布的招聘信息于课后准备 2～4 份简历。要求：不可向本人所在的企业投递简历。

（六）步骤四/A：模拟招聘会

（1）课前将教室布置成招聘会现场，允许各实验小组（企业）在会场张贴 1～2 张招聘广告（要求：不可重复）。同时，各小组准备好应聘登记表和面试提纲。各小组负责面试的同学还需要提前复习与熟悉面试环节中需要注意的各项细节，例如言语礼貌、尊重对方、掌控时间等。应聘登记表（样表）如表 3-6 所示。

表 3-6　应聘登记表（样表）

应聘部门及职位：　　　　　　　　　　　　　　填表日期：　　年　　月　　日

姓名		性别		民族		婚否		照片
出生年月		年龄		身高		籍贯		
政治面貌		期望薪金						
户籍地址				身份证号码				
现住址				联系方式				
最高学历		毕业学校						
毕业时间		专业				外语等级		
职称		个人特长				计算机等级		
受过何种培训				资格证书				
培训机构								
主要工作经历	公司名称		职务		起止时间		离职原因	
主要家庭成员	姓名	与本人的关系		年龄		职业	联系方式	
您是本公司现有雇员的亲属吗？ 如果是，请说明该员工的姓名及隶属部门：						否□		是□

续表

是否受过惩罚或奖励？若有，请详述：		否□	是□
应聘渠道：□公开招募　　□媒体招募　　□同事引荐　　□亲属介绍　　□其他			
请简述您的性格特点和兴趣爱好：			
除应聘职位外，您还适合何种工作？			
说明：所填信息仅做招聘参考用，本单位承诺保密。请保证所填写资料的真实性，否则后果自负。			

（2）招聘会开始后，各企业吸引求职者到摊位前递交个人简历。企业需指派 1 名招聘专员担任招聘官，1 名招聘专员负责指导应聘者填写应聘登记表。

（3）求职者要将准备好的 2～4 份简历分别投递给心仪的企业和岗位。应聘过程中，求职者需要填写应聘登记表，并与企业面试官进行交流（要求：交流时间不可超过 3 分钟）。

（4）当所有的简历投送完毕后，各组将简历按照应聘岗位做好整理，以便下一步进行简历筛选。

（七）步骤四/B：简历筛选

简历筛选是各企业将在模拟招聘会上收到的应聘简历与招聘职位的基本条件相比较，从而把不适合的应聘者筛选掉，留下合适的应聘者以便下一步进行面试邀请的过程。在简历筛选过程中，需要注意以下问题：

（1）充分了解职位的职责和任职资格。

（2）确定筛选的硬指标，将不符合硬指标要求的简历快速筛选掉。

（3）从时间、地点和背景三个方面，评价应聘者的资历、工作稳定性、工作能力、职业追求等软指标。

时间部分包括年龄、受教育时间、工作时间及三者之间的空档期，有助于判断应聘者的学历性质、有无复读、学历真假、工作稳定性等。

地点是指学习地点和工作地点，有助于判断应聘者对地点的偏好，以及是否能够适应新的工作地点等。

背景是指教育背景和工作背景，有助于判断应聘者的工作能力、工作稳定性和职业追求。

筛选简历的过程中，用人决策必须交到用人者手中，人力资源部门秉持的是服务者的角色，能为各用人单位把好招聘的第一关。因此，只要守住硬指标，在软指标方面着重考量真实性、稳定性、事业心即可。

（4）招聘专员按一定的差额比（如 1∶5）将初步筛选后的简历递送给招聘经理，由招聘经理进一步按照一定的差额比（如1∶3）筛选出候选者。

实际工作中，经招聘经理筛选后的简历，必须递送至用人部门，并由用人部门进一步审核。招聘部门对经用人单位审核并通过的应聘者寄送面试通知。

（八）步骤四/C：组织招聘面试

（1）各企业按照1∶2的差额比通知简历合适者参加面试，同时，准备好面试提纲、面试评估表和面试成绩汇总表。面试评估表（样表）如表3-7所示。

表3-7　面试评估表（样表）

仪容仪表	□差	□中	□良	□优
沟通、表达等人际交往能力	□差	□中	□良	□优
应变能力	□差	□中	□良	□优
个性气质类型	□外向	□偏外向	□中性	□偏内向　□内向
应聘的动机	□应届毕业　□其他	□寻求发展	□提高收入	□人际关系
心理稳定性	□差	□中	□良	□优
学习能力、上进心	□差	□中	□良	□优
专业知识	□差	□中	□良	□优
对行业、工作的兴趣	□差	□中	□良	□优
与本岗位的匹配程度	□差	□中	□良	□优
从业经验、工作技能				
其他技能				
兴趣爱好				
其他				
期望待遇		可到岗时间		
部门意见	□可以试用　□需再次面试　□放弃，存档备用　　　　　　　　　　　　　面试人员：　　年　　月　　日			
人力资源部意见	□可以试用　□需再次面试　□放弃，存档备用　　　　　　　　　　　　　面试人员：　　年　　月　　日			
总裁意见：	签名：　　　　　　　　　年　　月　　日			

（2）选择并培训面试官。面试官通常由人力资源部门和用人单位联合组成。面试前必须对面试官进行培训，培训内容包括以下几个方面：

1）熟悉面试流程、面试提纲、面试评估表。

2）提升面试技巧。

3）对不同部门（类型）面试官的分工进行安排。

4）明确面试中的注意事项，包括对面试过程中向应聘者所提问题的数量及时间进行限定。

5）对面试官的不明了之处进行解答等。

（3）各企业确定并布置好面试场地（预留出供其他同学观摩面试的位置），并在面试官的座位上放置好面试提纲、面试评估表等纸质材料。

（4）面试开始后，主面试官对所有应聘者讲解本次面试的整体安排和注意事项。宣讲完毕后，由工作人员引导所有应聘者至会客室等候。

（5）以抽签方式确定应聘者的面试顺序，并依次登记序号、姓名、应聘职位。

（6）工作人员依序号带领应聘者进入考场，并通知下一位面试者做好准备。

（7）由主面试官宣读面试提纲中的面试指导语，再由各位面试官按照事先的分工进行结构化提问。在非结构化面试部分，应聘者每一次回答结束后，其他面试官可依分工范围适度提问（注意将提问的数量和时间控制在培训时既定的范围内）。同时，各面试官还需在面试评估表上为应聘者打分。

（8）每一次面试结束后，由主面试官宣布应聘者退席。工作人员收集各位面试官手中的面试评估表并交给记分员，记分员在监督员的监督下统计面试成绩，并填入面试成绩汇总表，记分员和监督员在面试成绩汇总表上签名确认。

在各实验小组进行模拟面试的过程中，未参与模拟面试的同学可以进行观摩，并记录下各组的优点与不足。待所有的面试结束后，每个实验小组派出一位代表对本组此次模拟面试过程中的可取与不足之处进行 3 分钟左右的总结。指导教师与同学们一起交流，分别对企业的表现和应聘者的表现进行点评。

（九）步骤五：分析面试结果

该项工作主要是针对应聘者在面试过程中的实际表现做出结论性评价，为录用人员的取舍提供建议。

面试的最终结果应当以面试成绩汇总表的排名为准，但有必要在面试之后就面试中评价差异较大的应聘者进行再次讨论。面试官就评价分数做出说明，发现评价差异较大的原因，并进一步根据职位的用人要求深入分析，最终在"可以试用""需再次面试""放弃"等三种选择中达成一致。

需要注意的是，在实际招聘的过程中，面试结果并不是录用决策的唯一依据，企业需要根据职位的录用标准采用诸如笔试、评价中心等多项技术对应聘者进行更加全面的测评。本实验课程以招聘流程和面试环节为重点，因此，仅以面试结果作为"招聘成本评估及招聘工作总结"的数据来源。

（十）步骤六：撰写招聘工作总结

招聘工作结束以后，需要对招聘活动的有效性进行评价，并撰写招聘工作总结。评价的主要内容是招聘计划的完成情况及招聘的成本效益，这样才能够准确反映出招聘工作的战略价值。实验小组可以从五类指标入手评价招聘工作的有效性,包括关键绩效指标、过程管理指标、分类统计指标、入职异动指标、团队管理指标。招聘工作评价指标如表 3-8 所示。以上指标的统计结果可以用图表的形式在招聘工作总结中予以说明。实验小组可以通过网络搜索适用的招聘工作总结模板,并在本次实验课程结束后 1 周内提交给指导老师。招聘工作总结(样表)如表 3-9 所示。

表 3-8 招聘工作评价指标

一、关键绩效指标
1. 招聘计划完成率=实际报到人数/计划招聘人数
2. 人均招聘成本=总招聘成本/实际报到人数
3. 平均招聘周期=总招聘时间/总招聘人数
二、过程管理指标
1. 简历初选通过率=人力资源部初选合格简历数/收到的简历总数
2. 有效简历率=部门选择合格通知面试的人数/HR 初选合格简历数
3. 初试通过率=初试通过人数/面试总人数
4. 复试通过率=复试通过人数/初试通过人数
5. 录用率=实际录用人数/面试总人数
6. 报到率=实际报到人数/发出录用通知人数
三、分类统计指标
1. 招聘渠道分布=不同招聘渠道录用的人数占录用总人数的比率
2. 录用人员分布=不同性别、学历、层级、职类、区域的录用人数占录用总人数的比率
四、入职异动指标
1. 招聘转正率=转正人数/入职人数
2. 招聘离职率=离职人数/入职人数
五、团队管理指标
1. 招聘人员胜任率=胜任工作的招聘人员数/招聘团队总人数
2. 招聘服务优良率=服务优良的招聘人员数/招聘团队总人数
3. 内部客户满意度=对招聘工作满意的内部客户数/内部客户总人数

表 3-9 招聘工作总结(样表)

招聘人员	
招聘时间	
招聘广告效果	
招聘流程	

续表

数据统计	1. 应聘人员数据统计（根据公司岗位分类）							
	岗位	电话约见	实际面谈	符合要求	实际录用	转正人数	录用率	转正率
	总计							
	2. 招聘渠道（简历数量，根据公司岗位分类）							
	岗位	国际人才网	智联招聘	校园招聘会	社会招聘会	内部举荐	其他	
	总计							
招聘成本分析								
问题所在								
解决措施								
改进建议								

四、实验考核

实验指导教师需要对每一实验小组在三个方面进行考核：一是对实验完成的及时性进行考核；二是对招聘目的中的战略性是否落地进行考核；三是对实验中六个步骤进行考核。外部招聘实验考核表如表 3-10 所示。

表 3-10　外部招聘实验考核表

	考核内容	评价指标	指标分	得分	步骤分
步骤一（可略）	成立招聘部门				
步骤二/A	制订招聘计划（20分）	战略性目的	5		
		信息齐备	5		
		文字表述清晰、流畅	5		
		模板适用	5		
步骤二/B	设计招聘广告（15分）	信息齐备	5		
		AIDA 原则	5		
		广告受众与招聘对象一致	5		
		未见常见错误（出现一点减5分）			
步骤二/C（可略）	分析招募来源与方式				
步骤三	发布招聘信息（15分）	PPT 结构清楚、重点突出、形式新颖	5		
		语言表达主题明确、有吸引力	10		
步骤四	面试甄选（35分）	应聘登记表设计合理、信息全面而适用	5		
		面试评估表设计合理、评估指标适用	5		
		面试提纲题目效度高、数量合理	8		
		面试成绩汇总表数据统计准确	2		
		面试官表现仪表端正、语言得当、有一定面试技巧	10		
		面试流程计划性强，组织有序	5		
步骤五（可略）	分析面试结果				
步骤六	撰写招聘工作总结（15分）	指标选择恰当、分析准确	10		
		结论合理	5		
任务分					

第四章

人员素质测评

人员素质测评，是以现代心理学和行为科学为基础，通过心理测验、面试、情景模拟、评价中心等科学方法对人的价值观、性格特征及发展潜力等心理特征进行客观科学的测量与评价。

本章设计 5 个主要任务，使学生在实践实训过程中系统学习理解并掌握人员素质测评的基本理论知识、基本原则、技能技巧和操作流程。

任务一：人格测验

大量的研究和实践表明，某些人格类型和管理活动有着特定的关系，它对团体的贡献不同，所适用的管理环境也不同。利用成熟的人格测验方法对管理者或应聘者的人格类型进行诊断，可以为人事安置、调整和合理利用人力资源提供建议。卡特尔 16PF（16 种人格因素）测验正是从 16 种与管理活动有特定关系的人格维度（根源特质）对人进行考查，了解被试者在环境适应、专业成就和心理健康等方面的表现，预测被试者的工作稳定性、工作效率和承受压力的能力等。个性是人的心理行为的基础，它在很大程度上决定了人如何对外部刺激做出反应及反应的方向、程度、效果。进一步说，个性会影响到人的身心健康、活动效率、潜能的开发及社会适应状况，可广泛地用于心理咨询和职业指导的各个环节，为人力资源决策提供个人心理素质方面的参考依据。

一、实验概述

实验分两个部分：第一部分，学生通过北森人力资源测评教学系统进行卡特尔 16PF 个性测评，对自身的性格特征倾向进行详细分析；第二部分为 16PF 和 SCL-90（90 项症状自评量表）测验应用辨析，要求学生担任 M 公司人力资源管理人员的角色，为公司的人员招聘选择适宜的测评工具并分析测评结果，从而保证所聘人员的个性特点及心理健康程度符合公司的要求。

通过卡特尔 16PF 个性测评，让学生掌握卡特尔 16PF 测评中的 16 种人格因素及卡特尔 16PF 个性测评的使用方法、步骤及其应用价值，学会在人力资源管理环节中运用 16PF 测试。

本次实验以小组为单位，每组 4~6 人，约需 4 个学时。实验中需要用到电脑、网络和北森人力资源测评教学系统。

二、实验材料

北森 16PF 人格测评试题。该测验的开发背景是最新的胜任素质模型及"人-岗"原理。从企业应用角度，该测验测试了现代企业招聘中十分关注的维度特征，帮助招聘人员轻松、有效地招聘。另外，该系统的测试报告详细分析了员工的个性特征、人际关系、决策能力、社会适应性、做事风格等方面的素质，帮助企业在安置、培训、选拔、考核等各个环节中进行人事决策。

三、实验流程

（一）步骤一：实验前的准备

实验前，各组成员需要以个人为单位完成北森人力资源测评教学系统注册。

（二）步骤二：学生在北森系统上完成卡特尔 16PF 人格测评

（1）学生进入实验。要求学生使用各自邮箱及密码登录北森人力资源测评教学系统 V4.0 学生前台，选择新实验。

（2）进入"测验列表"页面，填写序列号，出现教师在建立测评活动时选择的测验列表。

（3）单击"开始测评"按钮进入"北森 16PF 人格测验"，阅读指导语后开始测验。测验限定时间，被试者做题时应以对问题的第一印象尽快作答，无须过多斟酌。一般 40 分钟左右可以完成。

应当记住以下几点：

1）每一个测试题只能选择一个答案。
2）每个问题都要回答，不要有遗漏。
3）尽量不要选择中性答案。
4）本测验不记时间，凭自己的直觉反应作答，不要迟疑不决。
5）有些题目被试者可能从未思考过，或者感到不太容易回答。对于这样的题目，同样要求被试者进行一种倾向性选择。

（4）做完测验，单击"提交完成"按钮，完成测验。

（5）完成测验后，单击"查看报告"按钮，查看测验报告。

本测验共包括 16 个测量维度，分别是乐群性、聪慧性、稳定性、恃强性、兴奋性、有恒性、敢为性、敏感性、怀疑性、幻想性、世故性、忧虑性、实验性、独立性、自律性、紧张性因素的特征定义如表 4-1 所示。

表 4-1 16 种人格因素的特征定义

因素名	定义	低分特征	高分特征
A：乐群性	热情对待他人的水平	关心工作任务等客观事物，胜于对他人的关心	关注他人，易与人交往，对人热情
B：聪慧性	对外界反应的迅速性与表达的自发性	在决策前会三思而后行，思考全面深刻	自发表达水平高，思维迅速，但在言行前不深思熟虑
C：稳定性	应付日常生活要求的知觉水平	觉得自己受生活的影响，大，难以沉着对付	能控制现实的需求，并能沉着冷静地应付这些要求
E：恃强性	力图影响他人的倾向性水平	不经常表达自己的观点，倾向于让他人领导	喜欢去影响他人
F：兴奋性	寻找娱乐的倾向和表达的自发性水平	严肃认真，喜欢全面地思考问题	比较活泼和任性，具有高水平的自发性
G：有恒性	崇尚并遵从社会化的行为标准和外在的强制性规则	不喜欢严格的规则、强制指导及书本规则	崇尚并遵从社会标准和外在强制规则
H：敢为性	在社会情境中感到轻松的程度	对外界感到不舒服和害羞，不喜欢被关注	社会情境中表现自如，很少感受到来自他人的威胁
I：敏感性	个体的主观情感对事物判断的影响程度	决策和判断时倾向于注重逻辑和客观性	对事物的判断，较易受自己情感和价值观的影响
L：怀疑性	探究他人言语举止背后的动机的倾向水平	乐于相信他人言行是真的	不按言行的表面去理解，喜欢探究他人言行背后的动机
M：幻想性	在外在环境因素与内在思维过程之间寻求平衡的水平	是现实主义者和脚踏实地的人，直接地去做	勤于思考，不拘事件的细节信息，思索有限事实之外的东西
N：世故性	保留个人信息的倾向	思想较简单，感情用事，与人无争	处事老练，行为得体，对于一切事物的看法是理智的、客观的
O：忧虑性	自我批评的倾向	很少自我怀疑	自我批评意识强，倾向于承担责任
Q1：实验性	对新事物的开放程度	按既定方法行事	对新观念与经验有强烈兴趣
Q2：独立性	融合于群体及参与集体活动的倾向	希望成为组织的一员，并热爱组织	倾向于独立解决问题和做出自己的决策

续表

因素名	定义	低分特征	高分特征
Q3：自律性	以明确的个人标准及严格的组织纪律，对自己行为进行控制的倾向	事先不计划和控制，可容忍无组织性	有清晰的个人标准，并以此规划自己的行为
Q4：紧张性	与他人交往中的不稳定性、不耐心，以及由此所表现的躯体紧张水平	很少感到不满和不耐烦	体验到高度的紧张，经常感到不满和不耐烦

卡特尔16PF个性测评须注意以下问题：

1）测评报告是根据答题者对16PF问卷的回答而写的，报告的准确性取决于答题者在填写16PF问卷时的诚实性，以及对自己的了解程度。

2）在整体描述中，从四个方面描述了个人的整体特征，所以建议先看这一部分的内容。如果要更加详细地了解个体特征，那么可以详细阅读16个子维度和8个次元因素的解释。

3）测评报告中呈现的所有得分都是转化为"标准分"以后的分数。因为测验的原始分数单位具有不等性和不确定性，要转化为标准分数才有测量意义。在这个测验里，使用了1~10的标准分，其中1~3分为低分水平，4~7分为平均水平，8~10分为高分水平。

（三）步骤三：卡特尔16PF人格的应用

各小组充分讨论卡特尔16PF个性因素的内容和特征，探讨如何利用成熟的人格测验方法对管理者或应聘人员的人格类型进行诊断，为人事安置、调整和合理利用人力资源提供意见。

（四）步骤四：16PF和SCL-90测验应用辨析

（1）学生进入新实验"16PF和SCL-90测验应用辨析"，选择M公司人员招聘的合适测评工具，从而保证所聘人员的个性特点及心理健康程度符合公司的要求。

（2）详细分析实验中候选者的性格测评结果，选择合适的候选者进入公司。

四、实验考核

实验结果以打印的实验报告为准。理解测验报告，总结实验过程，完成实验报告。
本实验结果采用五级评分。

A：能熟练运用测评软件，正确地导出测评报告；实验报告内容完整、书写规范、条理清楚，能正确理解实验结果。

B：能熟练运用测评软件，正确地导出测评报告；实验报告内容完整、书写较为规范、条理比较清楚，能基本理解实验结果。

C：能熟练运用测评软件，正确地导出测评报告；实验报告内容基本完整、书写基本规范、条理基本清楚，能基本理解实验结果。

D：能熟练运用测评软件，正确地导出测评报告；实验报告内容基本完整、书写比较差，不能完全理解实验结果。

F：不能熟练运用测评软件，不能正确地导出测评报告；实验报告内容不完整、书写不规范，不能完全理解实验结果。

任务二：无领导小组讨论

无领导小组讨论是评价中心常用的一种无角色群体自由讨论的测评形式。它是把被试者按一定的人数编为一个小组，不确定会议主持人，不明确重点发言，不布置会议议程，不提出具体要求，被试者根据主试方提出的真实或假设材料，如有关文件、资料、会议记录、统计报表等，就某一题目进行自由讨论，如业务问题、财务问题或人事安排问题等，要求小组能形成一致意见，并以书面形式汇报。

其目的在于通过模拟团队环境，考查被试者的个人品质、社交能力、团队合作能力、领导能力和领导意识，尤其是看谁会脱颖而出，成为自发的领导者，从而诊断被试者是否能胜任某一管理职位。

一、实验概述

每组设计一个虚拟组织（或者选取熟悉的实际组织），以此作为对象，设计相应的无领导小组讨论测评方案，在该方案基础上进行模拟无领导小组讨论测评活动。

通过设计和模拟无领导小组讨论测评，让学生了解无领导小组讨论测评的目的和流程，熟悉无领导小组讨论测评题目的设计，从而进行有效的人力资源选拔。

本次实验以小组为单位，每组4~6人，约需4个学时。实验中需要用到电脑和特定观察室。特定观察室内有1张会议圆桌（为使所有的受测者处于同等地位，无领导小组讨论应该用圆桌，而不要用方桌，使用方桌容易使相对而坐的人有对立感）、数把座椅，房间中一面墙上装有单向透光玻璃镜子，从被试者的方向看去，它是一面不透光的幕墙。室内安装视频监视系统。主试方在隔壁房间，可以透过玻璃或通过监视系统在电脑屏幕上观察被试者的表现。

二、实验材料

每组设计一个虚拟组织（或者选取熟悉的实际组织），并提供2~4个空缺岗位以招揽人才，并以此作为对象，设计相应的测评方案。每个组织必须有明确的组织背景信息介绍，并提供待招聘岗位的详细信息，如工作描述、工作要求等。

监考人员需为应试者准备若干张白纸，供草拟讨论提纲用。

三、实验流程

（一）步骤一：无领导小组讨论题目设计阶段

小组成员根据各自设计的组织背景进行无领导小组讨论题目设计。无领导小组讨论常用的题型有5类，在出题难度、评价难度方面略有不同，包括开放式问题、两难问题、多项选择问题、操作性问题和资源争夺问题。一般来说，选择能够引发小组成员较激烈争论的题目比较好。

1. 开放式问题

开放式问题的答案范围可以很广、很宽，主要考查应试者思考问题是否全面、是否有针对性，思路是否清晰，是否有新的观点和见解。例如：你认为什么样的领导是好领导？关于此问题，应试者可以从很多方面来回答，如领导的人格魅力、领导的才能、领导的亲和力、领导的管理取向等。开放式问题对于评价者来说容易出题，但是不容易对应试者进行评价，因为此类问题不太容易引起应试者之间的争辩，所考查的应试者的能力范围较为有限。

2. 两难问题

两难问题是让应试者在两种互有利弊的答案中选择其中一种，主要考查应试者的分析能力、语言表达能力及说服力等。例如：你认为以工作取向的领导是好领导呢，还是以人为取向的领导是好领导？一方面，此类问题对于应试者而言，不但通俗易懂，而且能够引起充分的辩论；另一方面，对于评价者而言，不但在编制题目时比较方便，而且在评价应试者时也比较有效。但是，选择此种类型的题目需要注意的是，两种备选答案一定要有同等程度的利弊，不能是其中一个答案比另一个答案有很明显的选择性优势。

3. 多项选择问题

此类问题是让应试者在多种备选答案中选择有效的几种或对备选答案的重要性进行排序，主要考查应试者分析问题实质、抓住问题本质方面的能力。此类问题对于评价者来说，比较难以出题目，但对于评价应试者各个方面的能力和人格特点则比较有利。

4. 操作性问题

操作性问题是给应试者一些材料、工具或者道具，让他们利用这些材料设计出一个或一些由主考官指定的物体来，主要考查应试者的主动性、合作能力及在实际操作任务中所充当的角色。如给应试者一些材料，要求他们相互配合，构建一座铁塔或者一座楼房的模型。此类问题，在考查应试者的操作行为方面要多一些，同时情境模拟的程度要大一些，但考查言语方面的能力则较少；同时，考官必须很好地准备所能用到的一切材料，对考官和题目的要求都比较高。

5. 资源争夺问题

此类问题适用于指定角色的无领导小组讨论，是让处于同等地位的应试者就有限的资源进行分配，从而考查应试者的语言表达能力、分析问题能力、概括或总结能力、发言的积极性和反应的灵敏性等。如让应试者担任各个分部门的经理，并就有限数量的资金进行分配，因为要想获得更多的资源，自己必须要有理有据，必须能说服他人。所以此类问题既可以引起应试者的充分辩论，也有利于考官对应试者进行评价，但是对题目的要求较高，即题目本身必须具有角色地位的平等性和准备材料的充分性。

（二）步骤二：模拟无领导小组讨论前的准备阶段

模拟应试者组成讨论组，每个讨论组以 6～8 人为宜。模拟应试者进入观察室落座后，主试方为每个模拟应试者发若干张白纸，供草拟讨论提纲用。然后，主考官向模拟应试者讲解无领导小组讨论的要求和纪律，要有统一、明确的指导语，以免组与组的应试者之间不匹配，没有可比性。

（三）步骤三：模拟无领导小组讨论的具体实施阶段

主试方给应试者提供必要的资料、交代问题的背景和讨论的要求后，一定不要参与提问、讨论或者回答应试者的问题，以免给应试者暗示。整个讨论过程可用摄像机监测、录像。

整个讨论可以分为三个阶段：

第一阶段：主考官宣读试题，应试者了解试题，独立思考，列出发言提纲，一般规定为 5～10 分钟。

第二阶段：主考官宣布讨论开始，应试者轮流发言阐述自己的观点（要求单个应试者单次发言时间不要过长）。

第三阶段：应试者自由发言，不但阐述自己的观点，而且对别人的观点提出意见，最后达成某一协议。

第四阶段：应试者推举成员代表汇报小组讨论结果。

（四）步骤四：主试方评价阶段

评价方对照各自设计的评分表所列条目仔细观察应试者的各项表现。评价者对应试者的评价一定要客观、公正，以事实为依据，应从七个方面进行考核：

（1）举止仪表：包括应试者的体格外貌、穿着举止、精神状态。

（2）在团队中与他人发生关系时所表现出的能力，主要有语言和非语言的沟通能力、说服能力、影响力、人际交往的意识与技巧、团队精神等。

（3）处理实际问题时的思维分析能力：主要包括理解能力、分析能力、综合能力、推理能力、想象力、创新力及信息的检索和利用能力。

（4）个性特征和行为风格：主要包括动机特征、自信心、独立性、灵活性等特点，还包括思考问题时从大处着眼还是关注细节。

（5）动机与岗位匹配性：主要包括对职位的选择是否源于对事业的追求，是否有奋斗目标，是否积极努力、兢兢业业、尽职尽责。

（6）应变能力：主要包括在实际情景中解决突发事件的能力，能快速妥当地解决棘手问题。

（7）言语表达能力：主要包括言语表达的流畅性、清晰性、组织性、逻辑性和说服性。

通常，无领导小组讨论计分方法是根据测评要素的内涵划分为若干评分段，并对几个评分段进行详细的界定，然后将分数分配到这几个评分段中。测评者根据应试者的具体表现，结合界定好的评分段对应试者进行计分。但这种方法的计分幅度范围大，对测评者的判断力要求很高。小组可采用二级思维的方法，例如采用二级判断评分法。测评者先按应试者可能的表现情况划分出优秀、一般、较差三个等级并列出相应标准，然后在此基础上分析应试者符合该等级的哪一水平，最后按等级内规定的分数范围给出测评分数。二级判断评分法将主观因素控制在较小幅度内，因而在一定程度上降低了一级判断计分法所造成的误差。二级判断评分法如表 4-2 所示。

表 4-2　二级判断评分法

测评要素	二级指标	优秀（7~9 分）	一般（4~6 分）	较差（1~3 分）
沟通能力（100%）	口头表达（40%）	能有效地表达出自己的意见，语言简练，条理清晰	语言欠清晰，尚能表达意图，有时需反复解释	词不达意，反复解释仍无法表达出意图
	倾听（30%）	能够很好地倾听别人的意见，很快明白表述人的想法和要求	能够注意倾听，力求明白	不注意倾听，常常一知半解
	说服力（30%）	能采用各种方法和技巧，使他人接受自己的观点和意见	能说服他人接受某一观点和意见	说服别人比较困难

（五）步骤五：总结阶段

在进行无领导小组讨论后，所有评价小组都要撰写评定报告，内容包括此次讨论的整体情况、所问的问题及此问题的优缺点，主要说明每个应试者的具体表现、自己的建议，以及最终录用意见等。

四、实验考核

对模拟主试方从四个方面进行考核：
（1）无领导小组讨论题目设计是否符合组织背景设定。
（2）是否掌握测评基本流程。
（3）完成测评后，是否能按正确标准对应试者的表现进行准确判断。
（4）实验报告是否记录了完整的实验过程。

任务三：文件筐测验

文件筐测验又称公文处理测验，是评价中心最常用和最核心的技术之一。文件筐测验是情境模拟测试的一种，是对实际工作中管理人员掌握和分析资料、处理各种信息，以及做出决策的工作活动的一种抽象和集中，在假定的情景下实施。该情景模拟一种假设环境，如单位、机关所发生的实际业务、管理环境。提供给受测者如函电、报告、声明、请示及有关材料等文件，内容涉及人事、资金、财务、市场信息、政府的法令、工作程序等。这些材料放在公文筐里，要求受测者以管理者的身份，模拟真实生活中的情景和想法，在规定的条件下，在限定时间（通常为 1~3 小时）内对各类公文进行现场处理。评委通过对受测者在处理文件过程中的行为表现和书面答案，评价其计划、授权、组织、预测、决策和沟通的能力。该测验通常用于管理人员的选拔。测验一般只给日历、背景介绍、测验指示和纸笔，受测者在没有旁人协助的情况下回复函电、拟写指示、做出决定，以及安排会议。评委除了看书面结果外，还要看受测者对其问题处理方式做出的解释，根据其思维过程予以评分。文件筐测验具有考查内容范围广、表面效度高的特点,因而非常受欢迎,使用频率居各种情境模拟测验之首。

一、实验概述

每组设计一个虚拟组织或者选取熟悉的实际组织,以此作为对象,设计相应的文件筐测验方案,在该方案基础上进行模拟文件筐测验活动。

通过设计和模拟文件筐测验,让学生了解文件筐测验的目的和流程,熟悉文件筐测验题目的设计,从而进行有效的人力资源选拔。

本次实验以小组为单位,每组4~6人,约需4个学时。实验中需要用到电脑和特定观察室。特定观察室内有会议桌1张、座椅数把,房间中一面墙上装有单向透光玻璃镜子,从被试者的方向看,它是一面不透光的幕墙。室内安装视频监视系统。主试方在隔壁房间,可以透过玻璃或通过监视系统在电脑屏幕上观察被试者的表现。

二、实验材料

材料一:每组设计一个虚拟组织或者选取熟悉的实际组织(可以使用上一次实验背景),并提供2~4个空缺岗位以招揽人才,并以此作为对象,设计相应的测验方案。每个组织必须有明确的组织背景信息介绍,并提供待招聘岗位的详细信息,如工作描述、工作要求等。

材料二:答题册,供应试者针对材料写处理意见或报告,是应试者唯一能写答案的地方,评分时只能根据答题册上的内容进行打分。答题册包含总指导语和各部分测验的指导语,它提供了完成测验所需的全部指导信息。其中,完成各部分测验所需的指导语在各个部分开始时给出。

材料三:测验所用的其他材料,包括铅笔、橡皮。

三、实验流程

(一)步骤一:在老师指导下完成文件筐测验的设计

文件筐测验的设计必须紧紧抓住以下三个环节:

(1)工作分析。深入分析职位工作的特点,确定胜任该职位必须具备哪些知识、经验和能力。工作分析的方法可以是面谈、现场观察或问卷。通过工作分析,确定文件筐测验要测评什么要素、哪些要素可以得到充分测评、各个要素应占多大权重。

文件筐测验可以考查的要素包括:书面表达及其理解能力;统筹计划能力;组织协调能力;洞察问题和判断、决策能力;任用授权能力;指导控制能力;岗位特殊素质,如法规条例知识。

(2)文件设计,主要确定选择什么文件种类,如信函、备忘录、通知、报告、投诉信、财务报表、政府公函、账单等;确定每个文件的内容;选定文件预设的情境等。文件数量较多,时间以2~3小时为宜。文件的签发方式及其行文规定可以忽略,但文件的行文方向(对上与对下,对内与对外等)应有所区别。特别要注意各个文件测评要素的设计,常常一个文件不同的处理可以体现不同的要素。设计的对文件的处理方式要有所控制,确定好计分规则或计分标准,尽量避免每个要素同时得分和无法归于某一要素的情况出现。

(3) 测验评分。实施文件筐测验之后，评分一般由专家和具备该职位工作经验的人（一般是选拔职位的上级主管及人事组织部门的领导）进行。前面设计时除了要制定好评分标准外，更重要的是要对评分者进行培训，使评分者根据评分标准而不是个人的经验评分。评分的程序也要特别注意，可以考虑各自独立评分，然后交流评分结果，各自对评分差异申述理由后，再独立进行第二次评分，最后将评分结果进行统计平均（评分者比较多时，可以去掉最高分和最低分），以平均分作为最后得分。有时，在应试者答案不明确的情况下，需要询问应试者，根据其对处理方式的解释确定得分。

文件筐测试题目举例

指导语：

MT自2000年创办以来，从一个民办小企业发展成今天拥有员工1 000人左右的现代化高科技企业，产品行销全国，并打入国际市场。由于公司之前的总经理在管理上存在一些问题，各部门直接管理人员的决策力不够，整体的管理工作效率不高，导致错过了一些市场机会，所以公司决定提拔你为新的总经理，负责处理公司事务，完善管理工作流程。对于提交到你处的一些问题，你需要提出切实可行的处理方案，并且告知以后遇到此类事件该如何处理。你所担任的总经理角色，毕业于清华大学计算机系，并获得中国人民大学工商管理硕士学位，自公司创办的第二年就开始致力于公司的业务和发展，从业务主管逐级提拔到总经理。公司的管理人员结构如下图所示。

今天是2019年的最后一个星期四（12月26日）。现在是上午9点，你来到专用办公室。秘书已将需要处理的文件整理成册，并放在办公桌上，其中有邮件、信函、备忘录、请示报告等，这些文件都是你必须要处理的。而且10点还有一个很重要的会议需要你主持，你必须在这段时间内处理好所有的文件。很抱歉，由于电话线路维修，你在处理文件的过程中无法与外界通话，所以需要你以文字形式将所有文件的处理意见写出来，交给秘书传达，而且要确保你的陈述能够指导下属开展工作。你被公司同仁称为"童总"。现在可以开始工作了，祝你顺利。

童总：

马上就要过新年了，是否给公司员工发放奖金一事一直未定下来。去年的年终奖是每人5 000元，考虑到今年国家有关规定的变动，也许不能发这么多。但据了解，其他单位的奖金与去年相比只多不少，所以我们建议今年也发5 000元。具体如何处理，请批示。

财务部　陈伟

12月25日

另附：

产品部李阳开发了一款新产品，为公司带来了30万元的利润，如果给予奖励，其他超额完成任务的员工怎么办？这里的问题是，按照公司奖励规定，李阳可得超额利润30%的奖励（9万元），数额比较大，执行有一些难度，如何处理，请指示。

童总：

由于公司不断发展壮大，各部门一年来事务性工作太多，目前我们的做法是招聘临时工，但临时工流动性强，工作无法保证，各部门也叫苦不迭，希望能够招聘专门的人来从事事务性工作。据我初步估计，需要招聘5名专职秘书才可缓解各部门的工作压力。如果能招聘5名专职秘书有三点好处：一是保证各部门工作顺利进行；二是节约雇佣临时工的工作开支；三是对工作压力的缓解可以起到促进的作用。此次需要招聘的秘书岗位人员较多，而且希望这批人员成为管理者秘书的候选人，您是否批准这批人员的招聘？另外，招聘的过程中，您是否参加面试？

人力资源部　李广元
12月23日

童总：

公司办公室转来一封群众来信，信中说公司市场部经理谢卫东在其居住地扰得四邻不安，群众很有意见。经过人力资源部门的调查，发现此信来源属实，这将会对公司名誉产生负面影响，而且其居住地附近住有我们公司重要大客户中的一些中高级管理人员。鉴于谢卫东是您的直接下属，人力资源部将此事转交您处理。

助理　李小军
12月25日

附群众来信：

MT公司：我们是莲峰山居民小区24栋楼的部分用户。贵公司员工谢卫东在我们这里租房居住，他经常在家中搞舞会，接待朋友，唱歌，夜里很晚也不结束，影响了我们正常的生活。此外，他还常与社会上一些不三不四的无业人员来往，令人反感。希望贵公司能够对此人进行帮助教育，如果他继续这样下去，我们将与派出所联系解决。

莲峰山居民小区24栋楼部分用户
12月23日

童总：

我部对外负责人赵晓东，前几天提出申请，要求到日本调查客户市场。一直以来，我们对海外市场都很感兴趣，日本的市场也是我们比较关注的，但由于时间和人选问题未能实现，而申请者赵晓东的能力和表现应该能够胜任考察工作。但本次外出考察并不在我们部门的预算之内，您的意见如何？请指示。

市场部　谢卫东
12月24日

(二)步骤二：应试者入场

主试方安排模拟应试者入场，并宣布测验注意事项与指导语。应试者了解试题后列出发言提纲，一般为5分钟左右。

给每个应试者的测验材料，事前要编上序号，答卷纸也要有相应序号，实施前要注意清点核对。答卷纸主要由三部分内容构成：一是应试者姓名（或编号）、应聘单位和职位、文件序号等；二是处理意见（或处理措施）、签名及处理时间；三是处理的理由。文件筐测验答卷纸（样本）如表4-3所示。文件序号只是文件的标识顺序，不代表处理的顺序，应允许应试者根据轻重缓急调整顺序，但给所有应试者的文件顺序必须相同，以示公正。测验的场所要求比较宽敞、安静，每个人一桌一椅，相互之间无干扰。为了保密，所有应试者最好在同一时间内完成。

表4-3 文件筐测验答卷纸（样本）

应试者编号：	应聘职位：	文件序号：
处理意见：		
		签名： 日期：
处理理由：		

(三)步骤三：模拟文件筐测验

整个测验的过程都用录像机记录下来。可以集体施测，考虑到录像的效果，一组以不超过10人为宜。依据参试人数选好合适的测验场地，布置考场。考场环境应安静整洁，不受干扰，照明条件良好。如有多人参加，相互间要离远一些，以免相互干扰。

准备好测验所用的材料，包括测验材料、答题册、铅笔、橡皮擦。保证每位应试者有完整的测验材料及用品，允许应试者自带计算器。

(四)步骤四：主试方对应试者的表现进行判断

判断应在应试者做完后立即进行。为减少主试方主观因素的影响，可将应试者编号，由各位评分者独立评分。为了保证评分的一致性，事前对评分者的培训很重要，可以考虑对一部分应试者进行试评分，考查各个评分者对标准的掌握程度，发现评分过程中存在的问题，待取得一致意见后再进行下一步。评分时，可按序号逐一评定，也可按文件内容分类评定。前一种办法可以对应试者的素质形成整体印象，后一种办法更易达成评分标准的一致性。

文件筐测验所要测评的能力定位于管理者从事管理活动时正确处理普遍性的管理问题，有效地履行主要管理职能所需具备的能力；考查管理者对多方面管理业务的整体运作能力，包括对人、财、物、信息等的控制。具体来说，要考查表4-4中的五个维量。

表4-4 考查表（样表）

维度	分值区间	
工作条理性	0~15分	设计一定的任务情境和角色情境，要求被试者判断所给材料的优先级。得分高的被试者能有条不紊地处理各种公文和信息材料，能根据信息的性质和轻重缓急对信息进行准确的分类，能注意到不同信息间的关系，有效地利用人、财、物、信息资源，并有计划地安排工作
计划能力	0~30分	得分高的被试者能非常有效地提出处理工作切实可行的方案，主要表现在能系统地事先安排和分配工作，识别问题及注意不同信息间的关系，根据信息的性质和紧迫性对工作的细节、策略、方法进行合理的规划。评价计划时，在某程度上要关注被试者对其行为后果的考虑。例如，判断他们解决问题时是否考虑了时间、成本、顾客关系或资源。计划也包括为避免预期的问题所采用的步骤，以及出现这些问题时的操作步骤与方法
预测能力	0~15分	得分高的被试者能全面系统地考虑环境中各种不同的相关因素，对各种因素进行恰当的分析与合乎逻辑的预测，同时对预测能提出行之有效的实施方案。该维量考查三部分内容：预测的质量、所依据的因素、可行性分析。评价预测时，要考察被试者为了做出预测而利用文件筐内材料的程度，即是否综合了各种因素进行分析
决策能力	0~15分	该维量得分高的被试者对复杂的问题能进行审慎的剖析，能灵活地搜索各种解决问题的途径，并做出合理的评估，对各种方案的结果有着清醒的判断，从而提出高质量的决策意见。该维量考查三部分内容：决策的质量、实施的方案、影响因素。评价决策时，要细察决策背后的理性成分，考查被试者是否考虑了短期和长期的后果，是否考虑了各种备选方案的优缺点，以及为什么采取某种行动方案
沟通能力	0~25分	要求被试者设计公文，撰写文件或报告，用书面形式有效地表达自己的思想和意见。根据评估内容，考查被试者的思路清晰度、意见连贯性、措辞恰当性及文体相应性。得分高的文章要求语言非常流畅，文体风格与情境相适应，能根据信息的重要性来分别处理，结构性很强，考虑问题很全面，能提出有针对性的论点，表现出熟悉业务的各个领域

（五）步骤五：主试方总结

在进行文件筐测试后，所有主试方小组都要撰写评定报告，内容包括此次测评的整体情况、每个应试者的具体表现、自己的建议及最终录用意见等。

四、实验考核

本实验的成绩评定参考准则有以下几点：
（1）文件筐题目设计能否符合组织背景设定。
（2）是否掌握测评基本流程。
（3）完成测评后，是否能按正确标准对应试者的表现进行准确判断。
（4）实验报告是否记录了完整的实验过程。

任务四：角色扮演

角色扮演是一种情景模拟活动。所谓情景模拟，就是指根据被试者可能担任的职务，编制一套与该职务实际情况相似的测试项目，将被试者安排在模拟的、逼真的工作环境中，要求被试者处理可能出现的各种问题，用多种方法来测评其心理素质、潜在能力的一系列方法。情景模拟方法往往有 1 种以上，而角色扮演法是情景模拟活动应用比较广泛的一种方法，其测评的主要是被试者明显的行为及实际的操作，另外还包括两个以上的人之间相互影响的作用。

一、实验概述

每组设计一个虚拟组织或者选取熟悉的实际组织，以此作为对象，设计相应的角色扮演测评方案，在该方案基础上进行角色扮演测评活动。

通过角色扮演，让学生了解角色扮演测评的目的和设计方法，熟悉角色扮演测评的实施方法和步骤，从而进行有效的人力资源选拔。

本次实验以小组为单位，每组 4~6 人，约需 4 个学时。实验中需要用到电脑和特定观察室。特定观察室内一面墙上装有单向透光玻璃镜子，从被试者的方向看去，它是一面不透光的幕墙。室内安装视频监视系统。主试方在隔壁房间，可以透过玻璃或通过监视系统在电脑屏幕上观察被试者的表现。

二、实验材料

每组设计一个虚拟组织或者选取熟悉的实际组织（可以使用上一次任务的实验背景），并提供 2~4 个空缺岗位以招揽人才，并以此作为对象，设计相应的测评方案。每个组织必须有明确的组织背景信息介绍，并提供待招聘岗位的详细信息，如工作描述、工作要求等。

三、实验流程

（一）步骤一：角色扮演题目设计

学生根据各自设计的组织背景进行角色扮演题目设计。

（1）小组成员需精心设计角色，巧妙营造表演环境，事先做好计划，设计好细节，以免忙中出错。主试方需要事先进行训练，讲什么话、有什么反应，都要规范化，在每个被试者面前要做到基本统一。

（2）编制要素评分表。一般角色扮演评价的内容分为四个部分：

1）角色的把握性。被试者是否能迅速地判断形势并进入角色情境，按照角色规范的要求采取相应的对策。

2）角色的行为表现，包括被试者在角色扮演中所表现出的行为风格、价值观、人际倾向、口头表达能力、思维敏捷性、对突发事件的应变性等。

3）角色的衣着、仪表与言谈举止是否符合角色及当时的情境要求。

4）其他内容，包括缓和气氛、化解矛盾的技巧，达到目的的程度，行为策略的正确性，行为优化程度，情绪控制能力，人际关系技能等。

需要注意的是，主考官应主要看被试者的心理素质和实际能力，而不要看其扮演的角色像不像，是不是有演戏的能力。

（二）步骤二：模拟角色扮演测评

挑选符合剧情设置的学生担任不同的角色，给充当观众的学生布置任务，让他们判断每位模拟应试者扮演的真实性，裁决这件事情处理的对错及决策水平的高度，并思考如果自己是这个角色会如何做。整个测验的过程都用录像机记录下来。考虑到录像的效果，一组以不超过10人为宜。

（三）步骤三：主试方实施评估

角色扮演的评估，其实就是一个收集信息、汇总信息、分析信息，最后确定被试者基本心理素质和潜在能力的过程。

（1）观察行为。每一位主试者要仔细观察、及时记录一位或两位被试者的行为，记录语气要客观，内容要详细，不要进行不成熟的评论，主要是进行客观的观察。

（2）归纳行为。观察以后，主试者要马上整理观察后的行为结果，并把它归纳进角色扮演设计的目标要素之中，如果有些行为和要素没有关系，就应该剔除。

（3）为行为打分。对要素有关的所有行为进行观察、归纳以后，就要根据规定的标准答案对要素进行打分。

（4）撰写报告。给行为打分以后，每一位主试者对所有的信息都应该汇总，形成报告，然后才考虑下一位参加者。每位主试者要宣读事先写好的报告，对被试者在测评中的行为进行一个简单的介绍，对要素进行评分，对有关的各项行为进行总结。在写报告时，其他的主试者可以提出问题，进行讨论。

（5）重新评分。当每一位主试者都报告完毕，大家进行了初步讨论以后，每位主试者可以根据讨论的内容、评分的客观标准，以及自己观察到的行为，重新为被试者打分。

（6）主试者讨论。根据上述内容，主试者进行一次讨论，对每一种要素的评分发表意见。

（7）总体评分。通过讨论以后，第一主试者独立地给该被试者评出一个总体得分，然后公布结果，由小组讨论，直到达成一致的意见。这个得分就是该被试者在角色扮演中总的得分。

注意,如果用角色扮演法培训受训者,也可采用上述操作步骤对受训者进行评估。

(四)步骤四:主试方总结

在进行角色扮演测试后,所有主试方小组都要撰写评定报告,内容包括此次测评的整体情况、每个应试者的具体表现、主试方建议及最终录用意见等。

四、实验考核

本实验的成绩评定参考准则如下:
(1)角色扮演的准备工作是否充分,包括道具的准备、时间和场所的安排。
(2)角色扮演的介绍工作是否清楚,角色分配是否合理。
(3)完成测评后,是否能按正确标准对应试者的表现进行准确判断。
(4)实验报告是否记录了完整的实施过程和确切的实验结果。

任务五:管理游戏

管理游戏测试是一种以游戏的形式来完成某项实际工作任务的面试方法。通过管理游戏测试,可以考查应试者的综合管理能力。在这类活动中,小组成员各分配一定的任务,必须合作才能较好地完成。通过被试者在完成任务过程中所表现出来的行为,来测评被试者的素质。

一、实验概述

每组设计一个虚拟组织或者选取熟悉的实际组织,以此作为对象,设计相应的管理游戏测评方案,在该方案基础上进行模拟管理游戏测评活动。

通过设计和模拟管理游戏测评,让学生了解管理游戏测评的目的和设计方法,熟悉管理游戏测评的实施方法和步骤,从而进行有效的人力资源选拔。

本次实验以小组为单位,每组4~6人,约需4个学时。实验中需要用到电脑和特定观察室。特定观察室内一面墙上装有单向透光玻璃镜子,从被试者的方向看去,它是一面不透光的幕墙。室内安装视频监视系统。主试方在隔壁房间,可以透过玻璃或通过监控系统在电脑屏幕上观察被试者的表现。

二、实验材料

材料一:每组设计一个虚拟组织或者选取熟悉的实际组织(可以使用上一次任务的实验背景),并提供2~4个空缺岗位以招揽人才,并以此作为对象,设计相应的测评方案。每个组织必须有明确的组织背景信息介绍,并提供待招聘岗位的详细信息,如工作描述、工作要求等。

材料二:每组自行准备在游戏中规定使用和可能使用的文本材料及各种道具,如象征性的原材料、车间、商品等。

三、实验流程

(一)步骤一:角色扮演题目设计

学生根据各自设计的组织背景进行管理游戏题目设计。

（1）小组成员应根据组织背景和岗位要求挑选合适的游戏类别，并进行游戏内容设计。管理游戏的分类如表4-5所示。主试方应事先做好周密的计划，每个细节都要设计好，不要忙中出错或乱中出错。

（2）编制要素评分表。

表4-5 管理游戏的分类

类型	主要内容
会议游戏	主要着眼于如何提高会议的效率，如何进行有效的沟通和交流，讨论会议主题，分析存在的问题，提出有效合理的解决方法，保证会议的质量和效果
销售游戏	如何进行行业情况的有效调查和预测，如何进行有效的学习和交流，确定市场目标，采取合理准确的销售手段，保证和提高市场占有率
创造力游戏	以创造一个和谐、宽松、自由的工作环境和学术气氛为基础，使被测评者的新思维、新点子进行碰撞和交流，形成和发展为新的思想和见解
破冰游戏	如何打破僵局，使一个不熟悉的群体增加了解和信任，以最快的速度彼此熟悉，增强团队意识，实现更好的沟通和合作
团队建设游戏	模拟一个明确的团队目标，使各个成员之间相互信任，彼此愿意奉献，增强团队的凝聚力，营造一个和谐的团队环境，形成进步的团队文化
压力缓解游戏	着眼于如何使成员在具有高度压力的环境下减轻心理负担、缓解压力，进行有序的工作，保持一个良好的心态，以避免出现职业倦怠和其他心理问题
激励游戏	模拟了解员工的心理，考虑用良好的绩效手段满足员工的需求，以提高员工的创造力和工作激情，使员工更好地服务于团队，实现组织成长和员工自我成长的双赢
客户服务游戏	培养"服务"和"客户第一"的意识，站在客户的角度上，研究客户的各种需求和心理。无论产品研发、生产、销售还是售后服务，都以客户为导向，从而增强市场控制力和竞争力

（二）步骤二：模拟管理游戏测评过程

主试方挑选符合剧情设置的学生参与游戏，并向他们介绍游戏的规则与方法。在测评过程中，主试者可以选择以各种角色身份参与游戏，给被试者施加工作压力和难度，使矛盾激化、冲突加剧，目的是全面评价被试者的应变能力、人际交往能力等素质特征。整个测验的过程都用录像机记录下来。考虑到录像的效果，一组以不超过10人为宜。

（三）步骤三：主试方实施评估

主试方根据活动前设计的要素评分表对参与应试的人员进行评价。考查的能力主要包括应聘者的团队协作力、领导力、沟通力、创造力、观察力、学习力、责任担当力等个人能力。考查能力与相关游戏举例如表 4-6 所示。

表 4-6　考查能力与相关游戏举例说明

测评能力	游戏名称	操作方法	说明	得分 A	B	C
团队协作力	红与黑	1. 将人员分为 A、B 两队，每队每轮选择红或黑，共选择 10 轮，得分多者获胜。 2. 前 4 轮，两队人员没有任何沟通，每轮由工作人员告知每队得分，两队人员根据前 4 轮的得分情况得出规律；第 5 轮，每队可派出 1 名代表进行第一次沟通之后做出选择；第 8 轮，可做第二次沟通，面谈 1 分钟，但不可做与游戏规则无关的其他沟通。 3. 计分规则：A 队、B 队均选红，各得 1 分；A 队、B 队均选黑，各减 1 分；一队选红、一队选黑，选红者减 3 分，选黑者加 3 分；第 9 轮与第 10 轮的选择，得分乘以 3 后计入总分	1. 要取得长期利益，必须采取合作的态度。 2. 团体合作的基础是相互信任。 3. 信任来自顺畅的沟通。 4. 信任一旦失去，难以补救。 通过游戏考查应聘者的团队协作能力			
领导力	众人抬单杠	1. 准备 1 根铝制单杠，将人员分成 A、B 两队，每队都将用食指轻轻托起单杠，将单杠从胸前移到膝盖的位置。 2. 所有人的食指都必须轻轻托着单杠，不许用手勾，每个人的食指都不能离开单杠，哪队最快完成这项目标哪队就是优胜者	1. 由于单杠很轻，一个团队如果没有领导者很难完成。 2. 游戏中能够起到领导作用并能尽快完成任务的，可认为是具有一定领导才能者			
沟通力	盲人背聋人	1. 每两人组成一组，可以男女生搭配，男生当盲人，女生当聋人，男生负责背起女生，并按照女生指引的道路，绕开各种障碍，以最快的速度到达目的地。 2. 在每组前进的路途中可放置一些气球跟鲜花，气球要踩破，鲜花要拾起给女生	1. 这个游戏考查两人的沟通合作能力，需要通过清晰的语言表达尽快达成目标。 2. 达成目标越快，得分越高			

续表

测评能力	游戏名称	操作方法	说明	得分 A	得分 B	得分 C
创造力	案情分析	1. 可设定一个案情,或者给定简单的时间、地点、人物及事件,让被试者通过自己的想象来分析整个案情或者讲出一个完整的故事。 2. 案情如：一个男人走到湖边的小木屋,同一个陌生人交谈后,突然跳到湖里死了	案情分析越精彩,故事讲得越生动,创造力、想象力越强			
观察力	你我来找茬	1. 两个人一组,背对背,通过一些简单的道具来做各种造型,准备好后转过身来,彼此观察对方1分钟,记住每个细节。 2. 然后再背对背,对刚才的造型做出5处细微改动,改动得越隐蔽越好,之后再转过身来找出对方身上改动的地方	通过这个游戏可考查一个人的记忆力和观察力			
学习力	动作接龙	1. 一队人排成一排,第一个人随意做出一个动作,第二个人重复这个动作然后再加一个新动作,第三个人重复前两个人的动作再加一个新动作,以此类推。 2. 动作重复错误,导致动作衔接不上就被淘汰	通过简单动作的学习,考查应聘者的学习、记忆、观察等能力			
责任担当力	大声道歉	1. 一队人站成一排,工作人员站在前面喊口令,"1"代表向左转,"2"代表向右转,"3"代表向后转,"4"代表向前转。 2. 根据口令,被试者集体做出相应的动作,如果谁做错了,就要站到队伍前面大声喊："对不起,我错了！"	工作中谁都会犯错,犯错不可怕,可怕的是不敢承担责任或承认错误。大声喊出"我错了",是一种勇于承认错误和承担责任的表现			

主试方根据被试者的表现,打出相应分数,A 表示 80～100 分,B 表示 60～80 分,C 表示 60 分以下。不同岗位的被试者,需要重点测评的能力各不相同,因此应对上面几种能力进行分类测评,每类可重点测评四种能力。再结合具体操作中各个能力的得分,按分类测评中每类能力所占百分比,得出最终测评分数。不同类型岗位的应试者能力测评

表举例如表 4-7 所示。

表 4-7　不同类型岗位的应试者能力测评表举例

测评分类	团队协作力	领导力	沟通力	创造力	观察力	学习力	责任担当力
管理类	20%	40%		15%			25%
技术类	20%			40%	15%	25%	
销售类	25%		40%		20%	15%	

注意，如果用角色扮演法培训受训者，也可采用上述操作步骤对受训者进行评估。

四、实验考核

本实验的成绩评定参考准则如下：

（1）选用的管理游戏是否合适；游戏的准备工作是否充分，包括道具的准备、时间和场所的安排。

（2）游戏规则的介绍是否清楚；是否能有效地控制好游戏的过程。

（3）完成测评后，是否能按正确标准对应试者的表现进行准确判断。

（4）实验报告是否记录了完整的实施过程和确切的实验结果。

员工培训

员工培训是指组织为开展业务及培育人才,采用各种方式对员工进行有目的、有计划的培养和训练的管理活动,公开课、内训等均为常见的员工培训形式。

任务一:培训需求分析

培训需求分析,是指在规划与设计培训活动之前,由培训部门、主管人员、工作人员等采用各种方法与技术,对组织成员的目标、知识、技能等方面进行系统的鉴别与分析,以确定是否需要培训及培训内容的一系列活动或过程。培训需求分析包含三个层面:组织分析、工作分析及人员分析。培训需求分析的基本流程如图5-1所示。

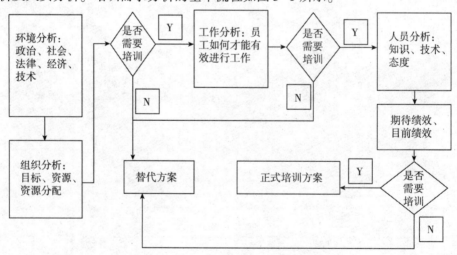

图5-1 培训需求分析的基本流程

培训需求分析方法包含两大类:第一类为传统的培训需求分析方法,包括访谈法、问卷调查法、观察法、关键事件法、绩效分析法、经验预计法、头脑风暴法、专项测评法;第二类为新兴的培训需求分析方法,包括基于胜任力的培训需求分析法、任务和技能分析、缺口分析。

一、实验概述

本项实验中,教师确定基本框架与总体方向,提出相关要求,界定实验成果的内容、形式和标准。学生依据教师的要求,以团队的形式实行自主管理,各小组在课外独立完成相应成果,并在课堂上进行成果展示汇报。

通过实验,使学生了解培训需求分析的影响因素,明晰培训需求分析的基本流程、基本原理和方法,理解组织层面、工作层面与人员层面培训需求分析的侧重点。实验重点是培养培训需求分析的能力,尤其是培训需求分析的方法与技巧。本实验能提升学生的资料收集、分析与整合能力,团队合作意识与协作能力、沟通能力、书面表达能力、学习能力等。

本实验采用课外与课堂相结合的形式,其中课外时间为2个教学周,课堂时间为2个学时。基本要求:在课外实验期间,每个学生要有自己的电脑,小组组长带领本小组成员集中完成;在课堂实验期间,主要完成成果汇报与讨论分析,可在教室也可在电脑实验室完成。本实验的总时长为4个学时。

二、实验材料

(1) 每个小组选择政府部门、事业单位,或者家电产品、电子产品、家具产品、服装产品、饮料产品、日用品等行业中的任一类型组织,选定一个具体组织或创办一家虚拟的企业。

(2) 组织的规模可选择1 000人以上的大型组织、300~1 000人的中型组织、200~300人的小型组织中的任意一种。

(3) 每个小组所创办的企业至少包括业务部门(如市场部、营销部、客服部等)和非业务部门(如行政部、人力资源部、财务部、保卫部等)。

三、实验流程

培训需求分析的实验流程主要分为五个步骤,如图5-2所示。

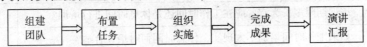

图5-2 培训需求分析的实验流程

(一) 步骤一:组建团队

将全班学生按照5~6人的规模分成若干组,并且每组选定一位组长。

(二) 步骤二:布置任务

教师向学生详细说明实验的相关内容,包括实验目的、实验基本要求、实验成果形式、实验完成时间、实验考核方式及实验成绩评定细则等。

(三) 步骤三:组织实施

各小组组长组织本组成员对实验进行学习理解,并做好人员分工和任务完成计划。针对组织、工作、人员等三个层面,结合实际,通过对若干方法的比较,择优选用,展开各个层面的需求调查,获取相关数据,分析并综合,最终明晰组织的培训需求。具体参照表 5-1 至表 5-4。

表 5-1 基层员工培训需求面谈提纲

调查指标	访谈具体问题	访谈记录
员工目前绩效现状自我认知	个人绩效方面存在哪些问题?	
	个人是否清楚自己职位的目标绩效水平?	
	个人目标绩效与现实绩效之间有什么明显差距?	
	个人如何得到关于自己绩效的反馈?	
	个人绩效低下会对组织有什么影响?是否妨碍团体达到目标?	
绩效低下的原因: 1. 工作环境 2. 知识技能 3. 工作态度	你认为是什么原因阻碍了个人绩效的发挥?	
	工作环境中的哪些变化会导致个人绩效低下?	
	个人目前拥有的技能是什么?	
	为达到标准绩效水平,个人当前的能力是否足够?	
	如果个人没有掌握目标要求的技能,如何消除差距?	
	个人是否已经掌握目标要求技能却没有使用?为什么?	
	在个人技能低下的情况下,仍然取得哪些令人满意的绩效?	
学习动机	如果没有被指出个人绩效低下,会发生什么事情?	
	如果个人绩效低下的情况被指出,会得到什么裨益?	
	能采取什么措施改变个人绩效低下的现状?	
	自己是否有尝试过直接针对问题的解决方案?	
	是否有比培训更简单有效的解决方案?	
培训负责人	你希望公司由谁来负责培训?具体原因是什么?	
培训内容	改变绩效现状,应进行知识、技能还是工作态度的培训?	
培训期限、时间	培训期限多长为宜?应在工作时间还是休息时间进行培训?	
	如果工作时间培训不太现实,休息时间何时培训合适?	
培训地点	培训选择内部培训场地,还是外部培训场地进行?	
培训方式	你希望采取讲课类培训、阅读类培训、研讨类培训还是演练类培训?	
	各类培训对培训师讲授方法有什么要求?	
	个人的学习风格是什么?	
培训评估	你认为培训结束后要达到什么效果?	

表5-2　员工培训需求调查问卷

姓名		性别		年龄	
专业		学历		所属部门	
职务		任职年限		工作年限	
工作情况					
主要工作内容					
工作问题处理					
在工作中经常遇到的问题					
解决方法					
结果如何					
培训情况					
参训经历（课程名称）		就职公司		参训日期	
针对以上培训课程的感受					
希望公司安排何种培训（希望与建议）					

表5-3　培训需求观察法

观察对象：　　　　　　地点：　　　　　　　　　　日期：

观察项目	很好	好	一般	差
工作效率				
工作质量				
工作情绪				
服务态度				
工作中的耗损情况				
工作中的安全意识				
工作的熟练程度				
工作方法的恰当性				
时间安排的合理性				
创新能力				
团队协作能力				
领导组织能力				
语言表达能力				
解决问题的能力				
团队中的影响力				
部门整体情况				

表 5-4　部门培训需求调查汇总

部门名称：　　　　　　　　　　　　　　　　　　　　　　　　　　　　日期：

部门工作目标/内容	需改进的能力	需求课程名称	授课方式	预定实施月份	授课机构/讲师	学时	培训对象	预计人数	预计费用

备注	授课方式可填写：内训、外训
	培训对象可填写：岗位名称、新员工等

填表人		部门负责人	

（四）步骤四：完成成果

各小组组长带领本小组成员自行安排时间与地点集中完成。实验成果包含两项：成果1为实验报告，成果2为演讲PPT。其中实验报告包括实验目的、实验主要内容（企业基本情况分析，培训需求调查对象、调查方法及调查内容）、实验过程记录、实验收获与感悟。PPT为此次实验所有成果的展示。

（五）步骤五：演讲汇报

课堂上随机选取4~6个小组上台做实验成果的演讲汇报，每个小组演讲的时间为15分钟左右。各小组汇报后，由同学与教师共同提问评议，并评定成绩；未上台汇报的小组，其演讲部分的成绩由教师审阅该组的演讲PPT，并参照汇报小组的成绩进行权衡评定。演讲汇报环节总时长为2个学时。

四、实验考核

（一）成绩构成

实验成绩由成果1（实验报告）、课堂演讲和个人表现组成，其中，成果1占50%，由教师评定；课堂演讲占40%，由各小组随机选取1位同学加上教师本人共同组成测评团，其中教师的评分占60%，同学们的评分占40%；个人表现占10%，由各小组的组长评定。

（二）成绩评定细则

1. 实验报告的成绩评定细则

版面整洁，排版格式规范美观，计10分；框架结构完整，内容饱满，计20分；实验过程记录部分，真实客观、详细完整、逻辑清楚，计20分；实验收获与感悟部分，实事求是、有理有据、陈述深刻，计20分；实验主要内容部分，企业基本情况分析合理，企业培训需求调查结果清晰，语句通顺、用词准确、条理清晰、分析深入，计30分。

2. 演讲汇报的成绩评定细则

PPT的主体内容完整，重点突出，计20分；PPT制作美观、简洁，多媒体运用恰当，计20分；演讲人员表达通顺、声音洪亮、肢体语言得体，计30分；演讲人员对问题及疑问的解答准确，计30分。

3. 个人表现的成绩评定细则

态度分，积极主动、热情认真、服从任务安排，计30分；数量分，除了完成正常工作任务外，还超额完成了其他工作，计20分；质量分，工作任务完成较好，无明显失误和不足，计30分；效率分，完成各项工作任务的速度快、准确度高，计20分。

附录：培训需求调研报告范文

培训需求调研报告

一、调研简介

1. 调研部门

人力资源部为此次调研活动的实施部门。

2. 调研目的

强化年度教育培训课程的实施，并对年度培训工作进行整体规划，将培训落到实处，了解员工培训需求，充分、有效地运用培训资源，为年度培训计划的制订提供依据。

3. 调研时间

从　　年　　月　　日至　　年　　月　　日

4. 调研对象

公司所有人员，共　　人。

5. 调研方式

面谈、问卷、观察、小组讨论。

二、员工培训需求调研结论

1. 培训需求定位

调研发现，公司主要存在以下问题，可以通过培训予以解决或得到明显缓解。

(1)

(2)

2. 培训课程需求

培训课程需求类别及内容如下表所示。

课程类别及课程内容

需求排名	课程类别	课程内容
1	生产管理	如何当好班组长、生产现场管理技巧、生产进度控制、现场问题解决
2	研发能力	专业理论、专业技能
3	领导力提升	工作计划与时间管理、提高影响力、团队建设、科学决策
4	通用管理能力	沟通技巧、个人知识管理、自我激励与压力管理、执行力
5	营销管理	销售技能、谈判技能、订单技巧
6	客户管理	大客户服务、客户信息管理
7	人力资源	人员规划与工作分析、胜任素质及其应用、劳动合同风险防范

续表

需求排名	课程类别	课程内容
8	财务管理	财务报表分析、日常资金管理与控制
9	法律知识	业务类法律、管理类法律、常识类法律
10	行政文秘	商务礼仪、商务写作、文档管理

3. 对培训工作的建议汇总

培训建议汇总如下表所示。

培训建议汇总

序号	问题	调研结论
1	最有效的培训方法	案例分析、情景模拟、专题研讨、小组讨论
2	阻碍工作绩效的主要内容	缺乏足够培训、工作分配不合理、缺乏热情、专业技能滞后
3	培训时间长短	12小时、7小时、4小时、2小时
4	培训讲师的选择	外部实战知名培训师、组织内部优秀培训师、知名科研机构专家
5	培训时间安排	上班时间、双休日、下班后、其他时间
6	月累计培训时间	2小时、4小时、8小时、8小时以上

三、培训实施建议

1. 培训形式多元化
2. 培训时间和讲师选择灵活
3. 课程内容实务化
4. 培训结果与待遇挂钩

任务二：培训计划书

在实践工作中，组织的培训计划书主要展现组织年度培训计划和具体项目或课程的培训计划。年度培训计划的主要内容为背景分析与需求调查结果分析、培训目标设定、培训课程安排、行动计划、预期效果与评价方法、预算等；具体项目或课程的培训计划的主要内容为项目或课程名称、必要性和目的说明、培训对象（数量、批次）、课程大纲、培训师的选定、培训教材及参考资料的选定、培训时间和地点、培训使用的器材和使用说明、培训完成的标准、培训使用的资源说明、后勤服务安排、培训费用预算说明等。两类计划书的制定流程分别如图5-3和图5-4所示。

一、实验概述

本项实验由教师确定基本框架与总体方向，提出相关要求，界定实验成果的内容、形式和标准。学生依据教师的要求，以团队的形式实行自主管理，各小组在课外独立完成相应成果，在课堂上进行成果展示汇报。

通过实验，使学生明晰制定培训计划书的基本流程和方法，理解不同组织培训计划书的优缺点，培养培训的计划能力与技巧。本实验能提升学生资料的收集、分析与整合能力，团队合作意识与协作能力，沟通能力，书面表达能力，学习能力等。

本实验采用课外与课堂相结合的模式，其中课外时间为 2 个教学周，课堂时间为 2 个学时。基本要求：在课外实验期间，每个学生要有自己的电脑，小组组长带领本小组成员集中完成；在课堂实验期间，主要完成成果汇报与讨论分析，可在教室也可在电脑实验室完成。本实验的总时长为 4 个学时。

二、实验材料

（1）每个小组从采购供应部、生产部、技术研发部、财务部、市场部、营销部、客服部、行政部、人力资源部、后勤保安部中任选 5 个部门。

（2）每个小组为所挑选的 5 个部门设置相应的岗位。

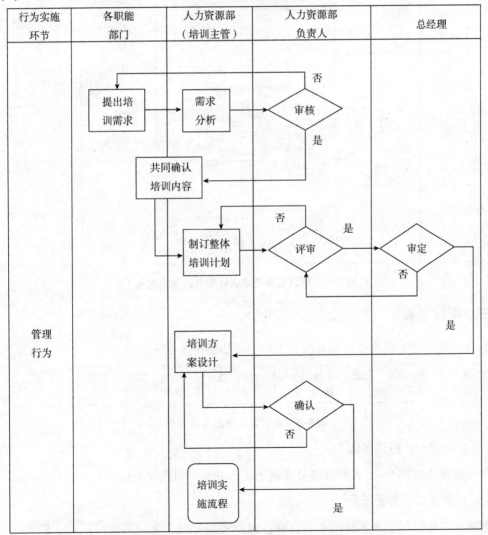

图 5-3　年度培训计划书的制定流程

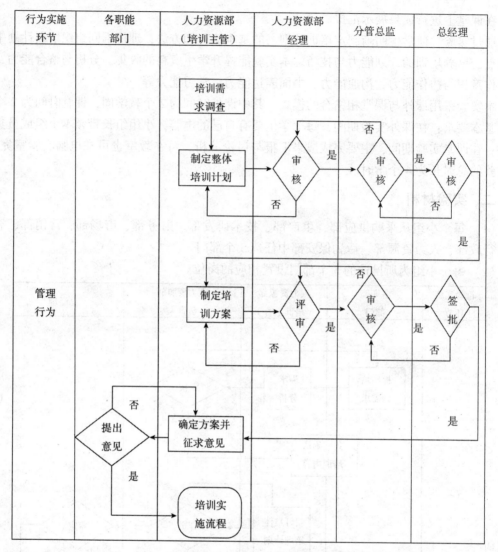

图 5-4　项目或课程培训计划书的制定流程

三、实验流程

培训计划书的实验流程主要分为五个步骤,如图 5-5 所示。

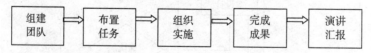

图 5-5　培训计划书的实验流程

(一)步骤一:组建团队

将全班学生按照 5~6 人的规模分成若干组,并且每组选定一位组长。

(二)步骤二:布置任务

教师向学生详细说明实验的相关内容,包括实验目的、实验基本要求、实验成果形式、实验完成时间、实验考核方式及实验成绩评定细则等。

（三）步骤三：组织实施

各小组组长组织本组成员对实验进行学习理解，并做好人员分工和任务完成计划。培训计划书的撰写前提，是完成了组织培训需求分析。实施阶段应坚持求真务实、节约高效的原则，使计划书的结构完整、主体清晰。

（1）年度培训计划的拟定，要明确培训项目、培训目标、培训对象、培训内容、培训方式与方法、培训讲师选择、培训课程、培训教材及相关工具、培训时间与地点、培训负责人、培训费用预算等内容，可列成表格显示。具体操作流程参看本章前述。

（2）拟定项目培训计划，即对年度计划所列的每一个项目的各个栏目，制定相关实施细则，按一定标准、程序、方式，一一落到实处。可重点练习培训目标与标准选定、培训内容选定、培训讲师选择、培训教材审定、培训方式选定、培训地点选定、外出培训关键事宜、费用选定（如外聘讲师定价、教材定价、租用场地定价、租用车辆定价、外出培训食宿定价等）等内容，参照本章前述内容，列成相应表格。

（四）步骤四：完成成果

各小组组长带领本小组成员自行安排时间与地点集中完成。实验成果包含两项：成果1为实验报告，成果2为演讲PPT。其中实验报告包括实验目的、实验主要内容（年度培训计划的设计思路、目标和具体内容）、实验过程记录、实验收获与感悟。PPT为此次实验所有成果的展示。

（五）步骤五：演讲汇报

课堂上随机选取4~6个小组上台做实验成果的演讲汇报，每个小组演讲的时间为15分钟左右。各小组汇报后，由同学与教师共同提问评议，并评定成绩。未上台汇报的小组，其演讲部分的成绩由教师审阅该组的演讲PPT，并参照汇报小组的成绩进行权衡评定。演讲汇报环节总时长约2个学时。

四、实验考核

（一）成绩构成

实验成绩由成果1（实验报告）、课堂演讲和个人表现组成，其中成果1占50%，由教师评定；课堂演讲占40%，由各小组随机选取1位同学加上教师本人共同组成测评团，其中教师的评分占60%，同学们的评分占40%；个人表现占10%，由各小组的组长评定。

（二）成绩评定细则

1. 实验报告的成绩评定细则

版面整洁，排版格式规范美观，计10分；框架结构完整，内容饱满，计20分；实验主要内容部分，年度培训计划设计思路清晰、内容明确、语句通顺、用词准确、分析深入，计30分；实验过程记录部分，真实客观、详细完整、逻辑清楚，计20分；实验收获与感悟部分，实事求是、有理有据、陈述深刻，计20分。

2. 演讲汇报的成绩评定细则

PPT 的主体内容完整、重点突出，计 20 分；PPT 制作美观、简洁，多媒体运用恰当，计 20 分；演讲人员表达通顺、声音洪亮、肢体语言得体，计 30 分；演讲人员对问题及疑问的解答准确，计 30 分。

3. 个人表现的成绩评定细则

态度分，积极主动、热情认真、服从任务安排，计 30 分；数量分，除了完成正常工作任务外，还超额完成了其他工作，计 20 分；质量分，工作任务完成较好，无明显失误和不足，计 30 分；效率分，完成各项工作任务的速度快、准确度高，计 20 分。

附录：年度培训计划范文

2019 年度培训计划

一、计划概要

本计划主要包括 2019 年度培训工作计划具体内容、时间安排和费用预算等。公司员工教育培训领导小组为加强对培训教育工作的管理，提高培训人员对培训工作的计划性、有效性和针对性，使培训工作能够有效促进公司经营战略目标的实现，特制订本计划。

二、计划依据

本计划的制订依据主要是 2019 年度公司发展战略及具体工作安排、职能定位、培训需求调研、部门访谈。

三、培训工作的原则、方针和要求

1. 培训原则

（1）按需施教、学用结合的原则。

（2）各部门各负其责、密切配合、通力合作的原则。

（3）内训为主、外训为辅的原则。

（4）强化培训效果、及时调整培训内容的原则。

（5）服从、服务公司发展战略原则。

2. 培训方针

以"专业、敬业、服务、创新"的企业文化为基础，以切实提高员工工作技能、工作绩效为重点，贯彻全面培训与重点培训兼顾、自我培训与讲授培训结合、岗位培训与专业培训结合等培训方针，促进员工个人的发展和企业核心竞争力的提升。

3. 培训要求

（1）满足公司未来业务发展需求。

（2）满足企业文化建设的要求。

（3）满足中层管理人员及后备人员发展的需求。

（4）满足企业内部自我培训技能提高的需求。

（5）满足企业内部培训系统发展和完善的需求。

四、培训目标

1. 培训体系和培训时间

建立并不断完善公司培训组织体系与业务流程,确保培训计划工作高效运转,保证本年度为所有管理层提供不少于30小时的业务和技能培训。

2. 培训内容及课程

重点推进中层以上管理人员的管理技能培训、技术骨干的研发能力培训,提高各部门的工作效率,打造TTT培训、财务管理培训等课程。

3. 培训队伍

建立并有效管理内部培训队伍,确保培训师的胜任能力和实际效果。

五、培训体系建设

培训体系如下表所示。

培训体系

序号	任务	作用与措施		工作时间
1	培训管理制度体系建设	作用	推进企业培训体系的建成,建立制度保障	
		措施	制定培训管理办法、新员工培训管理制度、岗位技能培训管理制度、员工外派管理制度、培训考核管理制度等	
2	教材库建设	作用	开发教材,使教材成为完成培训目标的保障和基础	
		措施	各职能部门按层次和专业组织教材的开发	
3	案例库建设	作用	使培训生动化,更好地完成培训目标	
		措施	各部门收集日常工作中的突发事件、关键事件,每个部门负责提交2~3篇详细案例	
4	素材库建设	作用	通过局域网建立资料共享平台,供员工自我培训	
		措施	各员工负责上传资料,网络部负责资料审核、分类管理	
5	档案库建设	作用	管理企业及员工培训档案	
		措施	收录培训计划、培训通知、培训签到、培训讲义、培训教材、培训评估、培训抽查记录等	
6	实施多样化培训方式	作用	提高培训的灵活性及有效性,使员工随时随地可培训	
		措施	开展网络培训、户外培训、管理游戏等项目	
7	建立员工职业生涯发展系统	作用	挖掘员工潜能,通过对口培训提高员工的归属感	
		措施	为员工进行职业生涯规划,建立与职业升迁相关的必须参加的培训项目表,完善职位晋升所需要的培训管理体系	
8	建立内部讲师队伍	作用	提高培训水平,降低培训成本	
		措施	年度内通过各种手段,开发10名内部讲师,且年授课量不低于30小时,同时建立各讲师的专业、特色课程	

六、2019年培训课程计划

1. 计划内培训

计划内培训见下表。

计划内培训计划

序号	培训项目	培训时间/月份	培训课时/小时	累计课时/小时	培训讲师	培训预算/元
1	企业文化和发展史					
2	员工行为规范要求					
3	企业业务概况					
4	各岗位基本事务					
5	安全管理与保密					
6	职业道德与利益					
7	质量管理体系					
8	团队协作					
9	试用期辅导计划					
10	企业规章制度					
11	高效团队法则					
12	人力管理案例					
13	员工发展训练课程					
14	时间管理					
15	情绪管理					
16	目标管理					
17	文书管理					
18	绩效管理					
19	高效团队建设					
20	沟通力与领导力					
21	平行思维工具训练					
22	培训师授课技巧					
23	市场拓展技巧					
24	核心管理技能					
25	内部培训师训练					
26	管理者的十个错误					
27	学习型组织建设					

2. 计划外培训

计划外培训是由于企业业务发展需要，临时增加的培训项目。但需要提交申请，经企业主管领导审批后方可实施。

此类培训需满足以下条件：

（1）符合企业业务或员工专业技能提高的需要。

（2）完成本年度业务所需。

（3）应提前半个月申请。

七、培训效果评估

1. 课程培训评估

2. 培训有效性评估

八、培训费用预算

可按培训项目为序，一一列成表格并汇总。

九、计划控制

（1）每月的培训计划与各个培训项目实施前，应提交相应计划，报培训领导小组审批。

（2）课程培训计划审批。培训项目开始时，提交课程培训计划，成文下发各相关部门，通知各部门相关人员及时参训。

（3）培训管理。人力资源部门严格进行培训管理，促使员工完成企业本年度最低培训任务，并对日常员工培训的效果负责。

（4）培训设施购置。完善硬件设施，购买投影仪、摄像机、实物展示仪和电脑等。

任务三：授课技术

授课技术是为实现传递知识、传承技能、转换观念等培训目的而采取的方法的总称。培训方法数不胜数，可谓法无定法，只要可以实现培训目的，均可以考虑采用，是谓有效即法。实践中较常使用的授课技术有课堂讲授法、研讨法、现场考问讲解法、引入竞争教学法、激励法、循环教学法、"提要刺激"教学法、程序教学法、启发式教学法、案例教学法、暗示教学法、发现法、范例法、反例教学法、复式教学法、学导式教学法、导学式教学法、六步自学指导教学法、自学辅导教学法、函授教学法、电大辅导教学法、四步培训练兵法、实践课五步练习法、实践课四段教学法、调查法、一体化教学法、项目实习教学法、"三明治"教学法、角色扮演法、体验式教学法、情景模拟法、辩论法、工作指导法、讲座法、远距离培训法等。授课技术的基本原则为目的性、针对性和可操作性。讲授技术的核心要素是培训目的、讲授者、学员、媒介、媒介载体（知识、技能、观念）。讲授前，一定要做到充分调研、应对有方、心中有数。培训授课技术的基本流程如图5-6所示。

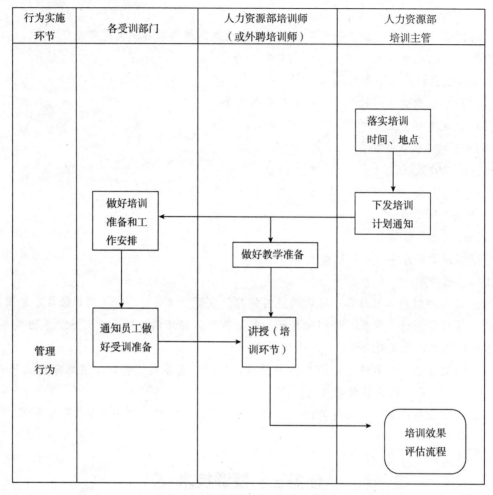

图 5-6 培训授课技术的基本流程

一、实验概述

本项实验中,教师确定基本框架与总体方向,提出相关要求,界定实验成果的内容、形式和标准。学生依据教师的要求,以团队的形式实行自主管理,各小组在课外独立完成相应成果,在课堂上进行成果展示汇报。

本次实验以启发式教学法为主。启发式教学法承认学习者在教学中的主动性和积极性,认为学习者是教学活动的主体,重视学习者主动性、积极性的调动。启发式教学法不是一个具体的教学方法,没有固定的教学格式和环节,是贯穿整个教学过程的教学方法的指导思想。

通过实验,使学生了解讲授技术的基本内涵、注意事项、优缺点和适用范围,理解与掌握讲授技术的操作流程,尤其掌握启发式教学法的实施。本实验能提升学生对理论知识的理解与运用能力,培养资料的收集、分析与整合能力,强化团队合作意识,提高协作能力、沟通能力、构思设计能力、书面表达能力、学习能力等。

该实验采用课外与课堂相结合的模式,其中课外时间为 2 个教学周,课堂时间为 2 个学时。基本要求:在课外实验期间,每个学生要有自己的电脑,小组组长带领本小组成员集中完成;在课堂实验期间,主要完成成果汇报与讨论分析,可在教室也可在电脑实验室完成。

本实验的总时长为 4 个学时。

二、实验材料

（1）特种兵系列电视剧之特种兵训练模式。
（2）《大长今》之膳食、医官成长过程。
（3）各小组自我总结的其他案例。

三、实验流程

培训授课技术的实验流程主要分为五个步骤，如图 5-7 所示。

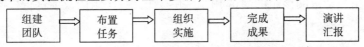

图 5-7 培训授课技术的实验流程

（一）步骤一：组建团队

将全班学生按照 5~6 人的规模分成若干组，并且每组选定一位组长。

（二）步骤二：布置任务

教师向学生详细说明实验的相关内容，包括实验目的、实验基本要求、实验成果形式、实验完成时间、实验考核方式及实验成绩评定细则等。

（三）步骤三：组织实施

各小组组长组织本组成员对实验进行学习理解，并做好人员分工和任务完成计划。各小组要围绕某一具体实践过程，将启发式教学法运用其中。启发式教学要点总结和授课技术的总结分别如表 5-5 和表 5-6 所示。

表 5-5 启发式教学要点总结

选取的案例	被培训者	培训师	特别借鉴	例证
特种兵系列电视剧				
《大长今》				
其他案例：请注明				

表 5-6 授课技术的总结

思考	对策
授课技术与培训目标关系如何？	
授课技术与学员关系如何？	
授课技术与课程内容关系如何？	
授课技术与企业文化关系如何？	
授课技术与培训师风格关系如何？	
授课技术与培训情景关系如何？	
…	
对授课技术的总体评价	

（四）步骤四：完成成果

各小组组长带领本小组成员自行安排时间与地点集中完成。实验成果包含两项：成果1为实验报告，成果2为演讲PPT。其中实验报告包括实验目的、实验主要内容（培训课程设计的思路及内容）、实验过程记录、实验收获与感悟。PPT为本次实验所有成果的展示。

（五）步骤五：演讲汇报

课堂上随机选取4~6个小组上台做实验成果的演讲汇报，每个小组演讲的时间为15分钟左右。各小组汇报后，由同学与教师共同提问评议，并评定成绩。未上台汇报的小组，其演讲部分的成绩由教师审阅该组的演讲PPT，并参照汇报小组的成绩进行权衡评定。演讲汇报环节总时长为2个学时。

四、实验考核

（一）成绩构成

实验成绩由成果1（实验报告）、课堂演讲和个人表现组成，其中成果1占50%，由教师评定；课堂演讲占40%，由各小组随机选取1位同学加上教师本人共同组成测评团，其中教师的评分占60%，同学们的评分占40%；个人表现占10%，由各小组的组长评定本小组的同学。

（二）成绩评定细则

1. 实验报告的成绩评定细则

版面整洁，排版格式规范美观，计10分；框架结构完整，内容饱满，计20分；实验主要内容部分，培训课程设计思路清晰、内容合理、语句通顺、用词准确、分析深入，计30分；实验过程记录部分，真实客观、详细完整、逻辑清楚，计20分；实验收获与感悟部分，实事求是、有理有据、陈述深刻，计20分。

2. 演讲汇报的成绩评定细则

PPT展示的主体内容完整，重点突出，计20分；PPT制作美观、简洁，多媒体运用恰当，计20分；演讲人员表达通顺、声音洪亮、肢体语言得体，计30分；演讲人员对问题及疑问的解答准确，计30分。

3. 个人表现的成绩评定细则

态度分，积极主动、热情认真、服从任务安排，计30分；数量分，除了完成正常工作任务外，还超额完成了其他工作，计20分；质量分，工作任务完成较好，无明显失误和不足，计30分；效率分，完成各项工作任务的速度快、准确度高，计20分。

任务四：培训有效性评估

培训有效性指的是公司和员工个人从培训中获得的收益。培训有效性评估是收集用于判断培训是否有效的结果信息，并对培训项目进行进一步改进的过程。培训有效性评估有两种类型，分别是过程评估与综合评估。组织培训工作的简要流程如图5-8所示，培训效果评估内容主要可参考表5-7。

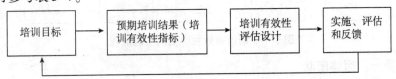

图 5-8　组织培训工作的简要流程

表 5-7　培训效果评估内容

价值导向——定量化	定量递进<--- 定性递进--->	过程导向——定性化
帮助管理层检查培训效果	1 2 3 4 5 6 7	帮助培训师开发培训项目
是一个为了提供建议的评价过程	1 2 3 4 5 6 7	非判断性，是为了陈述问题
注意统计和科学化，进行客观测量	1 2 3 4 5 6 7	描述性，主观评价
注意计划的过程，并有详细安排	1 2 3 4 5 6 7	在过程中会随着重点的变化而变化
预计培训项目对于公司的价值	1 2 3 4 5 6 7	向培训部门提供反馈
大样本，简单问题	1 2 3 4 5 6 7	小样本，深度访谈
整个培训过程的一部分	1 2 3 4 5 6 7	只有在对培训有疑虑时才做

一、实验概述

本项实验中，教师确定基本框架与总体方向，提出相关要求，界定实验成果的内容、形式和标准。学生依据教师的要求，以团队的形式实行自主管理，各小组在课外独立完成相应成果，在课堂上进行成果展示汇报。

通过实验，使学生了解培训有效性评估的影响因素，明晰培训有效性评估的基本流程、基本原理和方法，理解培训有效性不同层面评估的侧重点。考核重点是培训有效性评估的能力，尤其是培训有效性评估的方法与技巧。本实验能提升学生资料的收集、分析与整合能力，团队合作意识与协作能力、沟通能力、书面表达能力、学习能力等。

该实验采用课外与课堂相结合的模式，其中课外时间为2个教学周，课堂时间为2个学时。基本要求：在课外实验期间，每个学生要有自己的电脑，小组组长带领本小组成员集中完成；在课堂实验期间，主要完成成果汇报与讨论分析，可在教室也可在电脑实验室完成。本实验的总时长为4个学时。

二、实验材料

以某一专业课程学习为背景,选用以上评估方案之一,具体展开培训有效性评估。

三、实验流程

培训有效性评估的实验流程主要分为五个步骤,如图5-9所示。

图5-9 培训有效性评估的实验流程

(一)步骤一:组建团队

将全班学生按照5~6人的规模分成若干组,并且每组选定一位组长。

(二)步骤二:布置任务

教师向学生详细说明实验的相关内容,包括实验目的、实验基本要求、实验成果形式、实验完成时间、实验考核方式及实验成绩评定细则等。

(三)步骤三:组织实施

各小组组长组织本组成员对实验进行学习理解,并做好人员分工和任务完成计划。合格的标准是掌握了培训有效性评估的具体流程、具体方法,并且层次明晰,数据真实,数据处理科学。其中,反应评估、学习评估、行为评估、结果评估的目的、对象和方式分别如表5-8、表5-9、表5-10、表5-11所示。

表5-8 培训评估——反应评估的目的、对象和方式

评估的目的	评估的内容	评估的方式	评估时间	说明
评估学员对培训过程的满意程度	课程主题的重要性和及时性	电话调查法、问卷调查法、观察法、访谈法	课程结束时	责任目标
	课程总体进度安排和时间安排			
	培训讲师的表达及教学技巧运用			
	课程内容有效性和教材的质量			
	课程各类辅助材料的有效运用			
	课程场地设备及其他服务质量			

可就以上评估内容,分裂成若干问题提纲,按照拟定的评估方式,接触学员,取得相关数据,进行统计。

表5-9 培训评估——学习评估的目的、对象和方式

评估的目的	评估的内容	评估的方式	评估时间	说明
衡量学员的学习效能及学习成果获得程度,包括知识、技能和态度等	同课程内容相关的知识、技能、态度等	测评问卷、实地操作、观察评分、小组研讨等	培训开始前,培训进行中,培训结束后	学习目标

可就以上评估内容，分裂成若干问题提纲，按照拟定的评估方式，接触学员，取得相关数据，进行统计。

表 5-10 培训评估——行为评估的目的、对象和方式

评估的目的	评估的内容	评估的方式	评估时间	说明
了解学员在工作中对所学知识、技能、态度的应用情况	知识、技能、态度的应用情况	访谈法、调查问卷法、360度评估法等	培训结束后3个月或6个月	变化目标

可就以上评估内容，分裂成若干问题提纲，按照拟定的评估方式，接触学员，取得相关数据，进行统计。

表 5-11 培训评估——结果评估的目的、对象和方式

评估的目的	评估的内容	评估的方式	评估时间	说明
测量培训对组织产生的最终效果，包括经济效益与非经济效益等	业务经营的指标与管理指标，如数量、质量、效率、安全、成本等具体目标，以及生产率、离职率、满意度等	趋势分析法、对比分析法、360度满意度调查法等	培训结束后半年或1年	组织目标

可就以上评估内容，分解成若干问题提纲，按照拟定的评估方式，接触学员，取得相关数据，进行统计。

（四）步骤四：完成成果

各小组组长带领本小组成员自行安排时间与地点集中完成。实验成果包含两项，成果1为实验报告，成果2为演讲PPT。其中实验报告包括实验目的、实验主要内容（培训评估方案设计思路及内容）、实验过程记录、实验收获与感悟。PPT为本次实验所有成果的展示。

（五）步骤五：演讲汇报

课堂上随机选取4~6个小组上台做实验成果的演讲汇报，每个小组演讲的时间为15分钟左右。各小组汇报后，由同学与教师共同提问评议，并评定成绩；未上台汇报的小组，其演讲部分的成绩由教师审阅该组的演讲PPT，并参照汇报小组的成绩进行权衡评定。演讲汇报环节总时长为2个学时。

四、实验考核

（一）成绩构成

实验成绩由成果1（实验报告）、课堂演讲和个人表现组成，其中成果1占50%，由教师评定；课堂演讲占40%，由各小组随机选取1位同学加上教师本人共同组成测评团，其中教师的评分占60%，同学们的评分占40%；个人表现占10%，由各小组的组长评定。

（二）成绩评定细则

1. 实验报告的成绩评定细则

版面整洁，排版格式规范美观，计 10 分；框架结构完整，内容饱满，计 20 分；实验主要内容部分，培训评估方案设计思路清晰、内容合理、语句通顺、用词准确、分析深入，计 30 分；实验过程记录部分，真实客观、详细完整、逻辑清楚，计 20 分；实验收获与感悟部分，实事求是、有理有据、陈述深刻，计 20 分。

2. 演讲汇报的成绩评定细则

PPT 展示的主体内容完整，重点突出，计 20 分；PPT 制作美观、简洁，多媒体运用恰当，计 20 分；演讲人员表达通顺、声音洪亮、肢体语言得体，计 30 分；演讲人员对问题及疑问的解答准确，计 30 分。

3. 个人表现的成绩评定细则

态度分，积极主动、热情认真、服从任务安排，计 30 分；数量分，除了完成正常工作任务外，还超额完成了其他工作，计 20 分；质量分，工作任务完成较好，无明显失误和不足，计 30 分；效率分，完成各项工作任务的速度快、准确度高，计 20 分。

任务五：签订培训合同

培训合同是围绕某一具体培训项目展开的，前提是培训应在优化人财物使用、时间空间安排的基础上，实现培训目的。培训需求方有真实的培训需求，供给方有一定的服务能力。

签订培训合同指培训需求方与培训供给方签订的以市场机制为前提，在对培训需求方的培训需求进行科学调研并形成相应培训项目的基础上，为实现培训项目目标，通过平等合法的协商，确认培训需求方和培训供给方在实施培训项目过程中的权利与义务的协议。

一、实验概述

本项实验由教师确定基本框架与总体方向，提出相关要求，界定实验成果的内容、形式和标准。学生依据教师的要求，以团队的形式实行自主管理，各小组在课外独立完成相应成果，在课堂上进行成果展示汇报。

通过实验，使学生了解签订培训合同的影响因素，明晰签订培训合同的基本流程、基本原理和方法，理解签订培训合同各个环节的侧重点。考核重点是签订培训合同的能力，尤其是培训合同调研与谈判的方法与技巧。本实验能提升学生资料的收集、分析与整合能力，团队合作意识与协作能力，沟通能力，书面表达能力，学习能力等。

本实验采用课外与课堂相结合的模式，其中课外时间为 2 个教学周，课堂时间为 2 个学时。基本要求：在课外实验期间，每个学生要有自己的电脑，小组组长带领本小组成员集中完成；在课堂实验期间，主要完成成果汇报与讨论分析，可在教室也可在电脑实验室完成。本实验的总时长为 4 个学时。

二、实验材料

每两组为一博弈组，分别选定一个具体组织培训项目的其中一方，展开签订培训合同流程。可以结合具体案例，设定一些具体条件（前提），让实验更贴近现实。

三、实验流程

签订培训合同的实验流程主要分为五个步骤，如图5-10所示。

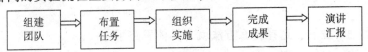

图5-10 签订培训合同的实验流程

（一）步骤一：组建团队

将全班学生按照5~6人的规模分成若干组，并且每组选定一位组长。

（二）步骤二：布置任务

教师向学生详细说明实验的相关内容，包括实验目的、实验基本要求、实验成果形式、实验完成时间、实验考核方式及实验成绩评定细则等。

（三）步骤三：组织实施

各小组组长组织本组成员对实验进行学习讨论，并做好人员分工和任务完成计划。在实验过程中，更关注谈判双方即关键个体在合同签订过程中展现出来的专业及技能，以及必要的情商、智商，即既关注学以致用的深度与广度，又关注社会适应能力与自我调节能力。

1. 签订培训合同基本流程

合同签订前调研——→培训需求确认——→培训计划概要与预算编制——→谈判及合同标的确认——→合同草拟——→谈判或预算申请——→合同确认签订。

衍生流程：培训合同的变更、延期、中止、违约、终止等。

2. 谈判步骤

谈判的步骤应该有申明价值、创造价值和克服障碍等三个进程。

（1）申明价值。此阶段为谈判的初级阶段，谈判双方彼此应充分沟通各自的利益需要，申明能够满足对方需要的方法与优势。此阶段的关键步骤是弄清对方的真正需求，主要的技巧就是多向对方提问，探询对方的实际需要。与此同时，也要根据情况申明我方的利益。因为越了解对方真正的需求，越能知道如何才能满足对方的需求；同时，对方知道你的利益所在，才能满足你的需求。

（2）创造价值。此阶段为谈判的中级阶段，双方彼此沟通，往往申明了各自的利益，了解了对方的实际需要。但是，据此达成的协议并不一定能使双方利益最大化。也就是说，利益在此往往不能有效地达到平衡，即使达到了平衡，此协议也可能并不是最佳方案。因此，双方需要想方设法寻求更佳方案，为谈判双方找到最大的利益，这一步就是创造价值。创造价值的阶段，往往是商务谈判最容易忽略的阶段。

（3）克服障碍。此阶段往往是谈判的攻坚阶段。谈判的障碍一般来自两个方面：一个是谈判双方利益存在冲突；另一个是谈判者自身在决策程序上存在障碍。前一种障碍需要双方按照公平合理的客观原则来协调利益；后一种障碍就需要谈判无障碍的一方主动去帮助另一方顺利做出决策。

3. 签订培训合同基本方法

想一想，在学习劳动合同时，劳动合同是怎么签订下来的？劳动合同的变更、延期、中止、违约、终止等，又是如何操作的？培训合同与劳动合同有哪些相同点和哪些不同点？各自的关键在哪里？从培训需求方和培训供给方出发，思考双方想要达到目的，应该分别注意什么问题？

将以上问题理清楚后，选择什么方法就有具体思路了。

需要特别关注、总结的要点如下：

（1）合同标的的确认，如培训名称、培训内容、培训目标、培训对象、评估方式、培训费用、付款方式等。此部分内容在本章前述内容中均有涉及，请将相关内容一一列出。

（2）双方权利、义务兑现的开始与终止时间。

（3）违约的确认及其责任。

请各团队自行整理出来并提出理由。

（四）步骤四：完成成果

各小组组长带领本小组成员自行安排时间与地点集中完成。实验成果包含两项：成果1为实验报告，成果2为演讲PPT。其中实验报告包括实验目的、实验主要内容（培训合同）、实验过程记录、实验收获与感悟。PPT为此次实验所有成果的展示。

（五）步骤五：演讲汇报

课堂上随机选取4~6个小组上台做实验成果的演讲汇报，每个小组演讲的时间为15分钟左右。各小组汇报后，由同学与教师共同提问评议，并评定成绩。未上台汇报的小组，其演讲部分的成绩由教师审阅该组的演讲PPT，并参照汇报小组的成绩进行权衡评定。演讲汇报环节总时长为2个学时。

四、实验考核

（一）成绩构成

实验成绩由成果1（实验报告）、课堂演讲和个人表现组成，其中成果1占50%，由教师评定；课堂演讲占40%，由各小组随机选取1位同学加上教师本人共同组成测评团，其中教师的评分占60%，同学们的评分占40%；个人表现占10%，由各小组的组长评定。

（二）成绩评定细则

1. 实验报告的成绩评定细则

版面整洁，排版格式规范美观，计10分；框架结构完整，内容饱满，计20分；实验主要内容部分，培训合同签订过程合理、内容规范、语句通顺、用词准确、条理清晰、分析深入，计30分；实验过程记录部分，真实客观、详细完整、逻辑清楚，计20分；实验收获与感悟部分，实事求是、有理有据、陈述深刻，计20分。

2. 演讲汇报的成绩评定细则

PPT的主体内容完整，重点突出，计20分；PPT制作美观、简洁，多媒体运用恰当，计20分；演讲人员表达通顺、声音洪亮、肢体语言得体，计30分；演讲人员对问题及疑问的解答准确，计30分。

3. 个人表现的成绩评定细则

态度分，积极主动、热情认真、服从任务安排，计 30 分；数量分，除了完成正常工作任务外，还超额完成了其他工作，计 20 分；质量分，工作任务完成较好，无明显失误和不足，计 30 分；效率分，完成各项工作任务的速度快、准确度高，计 20 分。

附录 5-1：员工和企业签订有限服务期限的培训合同

员工和企业签订有限服务期限的培训合同

以下是参考资料，请比较以上培训合同实操做法，思考以下问题：

培训期限的合同和培训实施合同有何不同？二者是操作流程有何不同？有没有谈判环节？合同条款有何不同？

培训协议签订流程中需要注意的事项如下：

1. 签订培训协议的必要条件

《劳动合同法》第二十二条对可以约定服务期的培训做出了明确的规定，"用人单位为劳动者提供专项培训费用，对其进行专业技术培训的，可以与该劳动者订立协议，约定服务期"。

从以上规定中可以看出，只有满足以下两个条件，用人单位才能与劳动者签订培训协议：

第一，用人单位提供了专项培训费用。按照国家规定，用人单位必须按照本单位工资总额的一定比例提取培训费用，用于劳动者的职业培训，这部分培训费用的使用不能作为与劳动者约定服务期的条件。能作为与劳动者约定服务期的条件的只能是专项培训费用，是在国家规定的培训经费之外发生的费用。

第二，对劳动者进行的是专业技术培训。专业技术培训包括专业知识和职业技能，比如从国外引进一条生产线，必须有能够操作的人，为此，把劳动者送到国外去培训。至于培训的形式，可以是脱产的、半脱产的，也可以是不脱产的。用人单位对劳动者进行必要的职业培训不可以约定服务期。例如，用人单位按照国家规定提取和使用职业培训经费，根据本单位实际，有计划地对劳动者进行职业培训。又如，从事技术工种的劳动者，上岗前必须经过培训，等等。总之，专业技术培训指的是有支付凭证的专业技能培训，比如进修、专业技能辅导培训（一般外出）、技术学习等，不包括上岗培训、企业文化培训、安全培训等。

2. 培训费用的界定

培训费用可以包括往返交通费、住宿费、学费、考察费等。需要特别注意的是，培训费用不包括培训期间向劳动者支付的工资。用人单位在与员工签订培训协议时，要将培训费用逐项列明。

3. 服务期的约定

培训协议中要对员工接受培训后的服务期进行明确约定，企业可根据培训费用金额自行约定服务期。参加了多次培训要应用有关公式将培训服务期限写明，要注意累加计算问题。为满足用人单位利益最大化，建议用人单位约定"服务期从培训结束之日起算；在劳动合同期限内，用人单位安排多次培训的，时间上靠后的培训应履行的服务期从之前的培训服务期履行完毕之日起算"。服务期可以根据服务费用额度进行阶梯式规定。

由于服务期与劳动合同的起点往往不同，很容易造成二者终止日期的矛盾。对于该问题，《劳动合同法实施条例》第十七条规定："劳动合同期满，但是用人单位与劳动者依照劳动合同法第二十二条的规定约定的服务期尚未到期的，劳动合同应当续延至服务期满；双方另有约定的，从其约定。"也就是说，即使劳动合同到期，但服务期未到，劳动者违反服务期约定的也应承担违约责任，除非用人单位与劳动者在培训协议中另有约定。

4. 违约责任的约定

一般而言，只有当员工提出与企业解除劳动关系时，企业才可以要求员工赔偿，一般不得要求员工赔偿其已出资的培训费用。不过，为了防止可能出现的规避赔偿责任的情况，如果员工方面因违纪等重大过错而被企业解除劳动关系，则企业仍有权要求员工赔偿有关培训费用，但也不得超过服务期尚未履行部分所应分摊的培训费用。

5. 做好培训档案管理

企业应为每一位须签署培训协议的员工建立培训档案，包括以下内容：

（1）申请批准资料：员工本人的培训申请表、单位关于批准或指派其参加培训的文件批复。

（2）培训机构课程资料：学校或培训机构的招生简章、培训项目名称、课程体系介绍、任课老师资料、教学计划资料及具体培训时间等。

（3）员工学习成绩资料：培训或考试成绩单，学校或培训机构对该员工的学业、成绩等评价资料，员工培训总结的书面资料。

（4）单位与员工签署的培训服务期协议：包括培训名称、培训的具体起止时间、学习与培训费用的计算方法、报销办法、培训服务期的起止时间、员工义务与离职补偿办法等。

（5）留好员工参加外训或内训的发票，以及由员工本人签字的有关付费凭证。

附录5-2：专项培训协议书（样本）

专项培训协议书

甲方： 乙方：

甲方就出资为乙方提供专项技术培训，并就该培训后双方的权利、义务，本着自愿、平等、协调一致的原则达成如下协议。

一、双方确定甲方向乙方提供的本次培训为专项技术培训，乙方表示接受并愿意履行相应的义务。

二、培训课程及相关培训条件：

1. 培训将于　年　月　日至　年　月　日进行。该培训的确切期限以企业的发展需要和运营计划为基础予以确定。

2. 乙方承诺，在培训期间，必须遵守培训地点所适用的法律和法规，如有违反，责任自担。

3. 甲方必须支付与培训相关的各种费用，包括但不限于往返路费、食宿费用、学费、考察费等。该培训费的总额为　　元（大写：　万　仟　佰　拾　元　角　分）。具体费用明细以乙方培训结束后财务的结算单为准。

4. 乙方的培训课程按甲方和培训地点的安排为准。

5. 乙方承诺在该培训结束时随即返回甲方规定的岗位任职。

6. 培训期间,乙方必须严格要求自己,认真学习,如规定要考试和取得证书的,必须将通过的证书副本交人事部门存档备案。如未能按要求取得证书的,所有费用由乙方自行承担。

三、服务期限的约定:

1. 双方约定,本次培训后,乙方的必须服务期为　年。服务期以乙方培训结束回甲方规定的工作岗位之日为起始日。

2. 违约金的标准以本协议中合计培训费用总额为基数,并按服务期年限的比例逐年递减计算。计算方法为:需支付的费用 $= \dfrac{总的培训费用}{约定的服务月份} \times$ 尚未完成的服务月份。

四、双方约定,本协议作为劳动合同的有效组成部分。

五、本协议一式两份,双方各执一份。

六、本协议自双方签字盖章之日起生效。

甲方:(盖章)　　　　　　　　　　乙方:(签名)

　年　　月　　日　　　　　　　　　年　　月　　日

第六章

绩效管理

绩效管理是一个完整的管理过程，侧重于信息沟通与绩效提高，强调事先沟通与绩效承诺，重视绩效实现过程的互动与交流，是一种系统地对一个组织或员工所具有的价值进行评价，并给予奖惩，以促进系统自身价值实现的过程。

绩效管理是人力资源管理工作中的核心职能模块，在战略性人力资源管理系统中处于中心地位，与人力资源管理工作的其他职能模块之间存在非常密切的关系。譬如，绩效管理与工作设计和工作分析的关系表现为：工作设计和工作分析的结果是设计绩效管理系统的重要依据，即评价内容必须与工作内容密切相关；绩效管理的结果可以反映出工作设计和工作分析中存在的种种问题，是对工作设计和工作分析合理与否的一种验证。

人力资源管理最直接的目标就是提高员工的工作绩效，而绩效管理的结果正是对这一目标的直接体现。绩效管理的结果在很大程度上判断了各项人力资源管理职能是否取得了预期的效果，因而成为指导各项人力资源管理职能的"指路灯"。

本章设计5个主要任务，使学生在实践实训过程中系统学习和理解掌握绩效管理的基本理论知识、基本原则、技能技巧和操作流程。

任务一：绩效管理制度设计

绩效管理制度是企业人力资源管理制度体系中的重要制度，是绩效管理的标准规范。建立绩效管理制度是为了实现科学、公正、务实的绩效管理规范，使之成为提高员工积极性和组织生产效率的有效手段；提高组织竞争力，保证组织目标的顺利实现，在组织中形成奖优罚劣、管理标准、公平公正的氛围。因此，绩效管理制度是组织管理体系中的重要组成部分，也是人力资源管理工作的核心保障。

一、实验概述

（一）实验目的

通过实验，使学生了解绩效管理制度的主体框架，明晰绩效管理制度每个部分的主要内容，培养设计绩效管理制度的能力与技巧。本实验能提升学生的资料收集、分析与整合能力，团队合作意识与协作能力，沟通能力，书面表达能力，学习能力等。

（二）实验内容

（1）研读背景材料，查阅参考资料。

（2）梳理背景材料和参考资料，搭建绩效管理制度的基本框架。

（3）编写 GB 公司的绩效管理制度。

（三）实验条件

可选择在电脑实验室完成，也可选择在课外完成。若在电脑实验室实验，须保证每个学生都有电脑可用；若在课外实验，每个学生要有自己的电脑。该实验的总时长为 6 个学时。

二、实验材料

（一）背景材料

（1）附录 6-1：GB 集团有限公司（简称"GB 公司"）员工绩效考核办法。

（2）附录 6-2：绩效管理制度基本框架。

（二）辅助材料

学生通过网络或其他渠道查阅其他公司的绩效管理制度。

三、实验流程

绩效管理制度设计实验流程主要分为五个步骤，如图 6-1 所示。

图 6-1　绩效管理制度设计实验流程

（一）步骤一：组建团队

将学生按照 5~6 人的规模分成若干组，并且每组选定一位组长。

（二）步骤二：布置任务

教师向学生详细说明实验的相关内容，包括实验目的、实验基本要求、实验成果形式、实验完成时间、实验考核方式及实验成绩评定细则等。

（三）步骤三：组织实施

（1）各小组组长组织本组成员对实验目的、实验基本要求、实验内容、实验成果形式、实验考核方式及实验成绩评定细则进行学习讨论，并做好人员分工和任务完成计划。

（2）各小组成员对背景材料进行认真研读，在充分讨论后形成绩效管理制度的初步框架。

(3) 学生通过网络或其他渠道查阅其他公司的绩效管理制度，在充分研读和讨论的基础上，对绩效管理制度的初步框架进行修改和完善。

(4) 参照绩效管理制度基本框架（见附录二），结合 GB 公司的实际情况，为该公司编写相应的绩效管理制度。

（四）步骤四：完成成果

各小组用 6 个学时完成两项成果：成果 1 为实验报告，成果 2 为演讲 PPT。其中实验报告包括实验目的、实验过程记录、实验收获与感悟、GB 公司绩效管理制度。演讲 PPT 包括实验目的、实验内容、实验过程、实验收获与感悟。

（五）步骤五：演讲汇报

课堂上随机选取 4~6 个小组上台做实验成果的演讲汇报，每个小组演讲的时间为 15 分钟左右。各小组汇报后，由同学与教师共同提问评议，并评定成绩。未上台汇报的小组，其演讲部分的成绩由教师审阅该组的演讲 PPT，并参照汇报小组的成绩进行权衡评定。演讲汇报环节总时长为 2 个学时。

四、实验考核

（一）成绩构成

实验成绩由成果 1（实验报告）、课堂演讲和个人表现组成，其中成果 1 占 50%，由教师评定；课堂演讲占 40%，由各小组随机选取 1 位同学加上教师本人共同组成测评团，其中教师的评分占 60%，同学们的评分占 40%；个人表现占 10%，由各小组的组长评定。绩效管理制度设计实验成绩构成如表 6-1 所示。

表 6-1 绩效管理制度设计实验成绩构成

项目	权重	评价主体	系数	评分（百分制）	得分
成果 1（实验报告）	50%	教师	1.0		
课堂演讲	40%	教师	0.6		
		学生测评团	0.4		
个人表现	10%	小组长	1.0		
合计	100%	—	—		

（二）成绩评定细则

1. 实验报告的成绩评定细则

版面整洁，排版格式规范美观，计 10 分；框架结构完整，内容饱满，字数 6 000 字以上，计 20 分；实验主要内容部分，紧扣 GB 公司的实际情况、语句通顺、用词准确、条理清晰，计 30 分；实验过程记录部分，真实客观、详细完整、逻辑清楚，计 20 分；实验收获与感悟部分，实事求是、有理有据、陈述深刻，计 20 分。

2. 演讲汇报的成绩评定细则

PPT 的主体内容完整，重点突出，计 20 分；PPT 制作美观、简洁，多媒体运用恰当，计 20 分；演讲人员表达通顺、声音洪亮、肢体语言得体，计 30 分；演讲人员对问题及疑问的解答准确，计 30 分。

3. 个人表现的成绩评定细则

态度分，积极主动、热情认真、服从任务安排，计 30 分；数量分，除了完成正常工作任务外，还超额完成了其他工作，计 20 分；质量分，工作任务完成较好，无明显失误和不足，计 30 分；效率分，完成各项工作任务的速度快、准确度高，计 20 分。

附录 6-1：GB 集团有限公司员工绩效考核办法

GB 集团有限公司员工绩效考核办法

以公司发展战略规划为指导，以实现公司绩效目标、协同完成工作任务为目的，通过自上而下分解公司绩效目标，实施有效的绩效考核评比，引导公司员工树立牢固的"精细化管理"理念，大力弘扬团队精神，培育并营造执行文化，从而提升公司核心竞争力，结合公司的实际，特制定本方案。

一、考核目的

（1）通过经常性、量化性的工作考核，实现过程控制，有效地将计划、实施、管理、监督结合起来，提升员工的工作效率、效果和团队工作效能。

（2）以人为本，充分激发员工的工作潜能和积极性，提高公司团队的整体竞争力。

（3）适应市场竞争需要，形成用工能进能出、职位能升能降、薪酬能高能低的公司内部竞争激励机制。

二、考核原则

（一）层级考核原则

本方案体现了层级管理和部门员工互相监督。主管领导负责相应部门负责人的考核，董事长、总经理对各部门负责人进行考核，部门负责人负责本部门人员的考核。同时，下级对上级的考评占一定权重。

（二）依法依规制定、全员知悉、民主集中原则

在制定方案的过程中，既要广泛征求和吸纳员工的合理意见，又要体现在民主基础上的集中，提升管理效力。

（三）考评活动公开化原则

开展员工绩效的公开化评议，增强考核评比过程的民主性。

（四）定量与定性相结合、日常考核与业绩考核相结合的原则

考核的重点体现在业绩上，考核内容与员工年度绩效目标完成情况紧密相关。

三、考核对象

考核对象为集团公司部门正副经理、主管、一般员工，以及全资子公司常务副总经理、综合办公室主任、副主任。对全资子公司常务副总经理、综合办公室主任、副主任的考核分

别参照集团公司的部门负责人、副经理和主管的考核办法。

四、考核组织管理

（一）公司领导班子职责

（1）审批公司绩效管理方案的制定和修改。

（2）监督审查各部门的考核指标和考核标准。

（3）审定考核等级强制分布。

（4）最终处理员工的考核申诉和考核中的不规范行为。

（二）公司分管领导职责

（1）负责分管部门考核工作的整体组织及监督管理。

（2）负责分管部门负责人的考核指标及指标值的审定。

（3）负责对分管部门负责人的考核结果进行反馈，并帮助制订改进计划。

（4）负责分管部门员工考核申诉的处理。

（三）公司办公室职责（兼人力资源部门职能）

（1）制定公司年度考核方案。

（2）对各项考核工作进行指导，并为各部门提供相关咨询服务。

（3）协调、处理考核申诉的具体工作。

（4）统计汇总公司所有人员的考核结果。

（5）建立考核档案，作为员工薪酬调整、职务升降、岗位调整、奖惩的依据。

（四）公司各部门负责人职责

（1）负责本部门绩效考核工作的组织及管理，为本部门绩效考核工作的第一责任人。

（2）负责本部门其他员工工作计划和业绩考核指标及指标值的审定。

（3）负责对本部门其他员工的考核结果进行反馈，并帮助其制订改进计划。

五、考核方法

（一）考核维度

考核维度包括工作业绩维度、工作态度维度、工作能力维度，其中，工作业绩维度是考核的重点。对每一维度的考核由相应的评价指标体系组成。

1. 工作业绩

工作业绩指被考核人通过努力所取得的工作成果，体现为员工在职责范围内对公司业绩的贡献。工作业绩指标设立的要求如下：

（1）可控性。指标能够测量或具有明确的评价标准，必须是被考核人所能影响和控制的。

（2）重要性。指标项不宜过多，一般为4~6个，应注重对公司业绩有直接影响的关键指标。

（3）挑战性。目标应综合考虑历史业绩和未来发展预测，不宜过高或过低，应使被考核人经过努力可以达到。

（4）一致性。根据公司战略目标和年度重点工作计划分解的考核指标，各层次目标应保持一致，下一级目标要以分解、完成上一级目标为基准。

（5）民主性。所有考核目标的制定均应由上下级人员共同商定。双方无法达成一致时，公司领导具有最终决定权。

2. 工作态度

工作态度指被考核人对待工作的态度。工作态度指标的确立主要取自员工对本职工作表现出的责任心、积极性、协作性和纪律性等。

3. 工作能力

工作能力指被考核人开展工作的能力。工作能力指标的确立主要取自员工在履行岗位职责过程中表现出的团队合作、专业、沟通、工作效率等方面的能力。

（二）考核关系及结果审定

考核关系及结果审定部分内容可用下表列出。

适用范围	考核人	考核对象（被考核人）	考核结果的审定
集团本部	董事长、总经理、主管领导	部门负责人	集团公司领导班子
	董事长、总经理、主管领导、部门负责人	部门副经理/顾问	集团公司领导班子
	董事长、总经理、副总经理/顾问、主管领导、部门负责人	主管	集团公司领导班子
下属公司	主管领导、部门负责人、副总经理/顾问、主管	一般员工	集团公司领导班子
	董事长、总经理、下属公司的董事长	下属公司总经理	集团公司领导班子
	董事长、总经理，下属公司的董事长、总经理	下属公司副总经理	集团公司领导班子
	总经理，下属公司的董事长、总经理、副总经理	下属公司部门负责人	集团公司领导班子

注：上述职务凡未注明下属公司的，一律视为集团公司。

（三）考核周期

年度考核一年一次，于次年1月份启动。

（四）考核维度、考核人员、考核周期的权重

考核维度、考核人员、考核周期权重的具体标准根据各部门人员岗位的设置确定，以最新发布的考核办法为准，一般情况下可参考下列表格。

集团公司部门负责人考核维度、考核人员、考核权重

考核对象	权重项				备注
	年度考核维度权重		年度考核人员权重		
部门负责人	工作业绩	40%	1. 自我考评	15%	
			2. 主管领导考评	30%	
	工作态度	30%	3. 总经理考评	20%	
	工作能力	30%	4. 董事长考评	35%	

集团公司部门副经理/顾问考核维度、考核人员、考核权重

考核对象	权重项				备注
	年度考核维度权重		年度考核人员权重		
部门副经理/顾问	工作业绩	40%	1. 自我考评	15%	
			2. 部门负责人考评	20%	
			3. 主管领导考评	20%	
	工作态度	30%	4. 总经理考评	20%	
	工作能力	30%	5. 董事长考评	25%	

集团公司部门主管考核维度、考核人员、考核权重

考核对象	权重项				备注
	年度考核维度权重		年度考核人员权重		
部门主管	工作业绩	40%	1. 自我考评	10%	
			2. 部门副经理/顾问考评	10%	
			3. 部门负责人考评	15%	
			4. 主管领导考评	20%	
	工作态度	30%	5. 总经理考评	20%	
	工作能力	30%	6. 董事长考评	25%	

注：如部门没有设置副经理职位的，"部门副经理/顾问考评"一栏也由部门负责人进行考评。

表6-6 工程部、资产部、计财部、办公室一般员工考核维度、考核人员、考核权重

考核对象	权重项				备注
	年度考核维度权重		年度考核人员权重		
工程部、资产部、计财部、办公室一般员工	工作业绩	40%	1. 自我考评	10%	
			2. 部门主管考评	15%	
			3. 部门副经理/顾问考评	20%	
	工作态度	30%	4. 部门负责人考评	25%	
	工作能力	30%	5. 主管领导考评	30%	

监审部一般员工考核维度、考核人员、考核权重

考核对象	权重项				备注
	年度考核维度权重		年度考核人员权重		
监审部一般员工	工作业绩	40%	1. 自我考评	10%	
			2. 部门主管考评	25%	
	工作态度	30%	3. 部门负责人考评	30%	
	工作能力	30%	4. 主管领导考评	35%	

安管办一般员工考核维度、考核人员、考核权重

考核对象	权重项				备注
	年度考核维度权重		年度考核人员权重		
安管办一般员工	工作业绩	40%	1. 自我考评	10%	
	工作态度	30%	2. 部门负责人考评	40%	
	工作能力	30%	3. 主管领导考评	50%	

下属公司总经理考核维度、考核人员、考核权重

考核对象	权重项				备注
	年度考核维度权重		年度考核人员权重		
下属公司总经理	工作业绩	40%	1. 自我考评	15%	
			2. 下属公司董事长考评	30%	
	工作态度	30%	3. 集团公司总经理考评	20%	
	工作能力	30%	4. 集团公司董事长考评	35%	

下属公司副总经理考核维度、考核人员、考核权重

考核对象	权重项				备注
	年度考核维度权重		年度考核人员权重		
下属公司副总经理	工作业绩	40%	1. 自我考评	10%	
			2. 下属公司总经理考评	20%	
			3. 下属公司董事长考评	20%	
	工作态度	30%	4. 集团公司总经理考评	20%	
	工作能力	30%	5. 集团公司董事长考评	30%	

下属公司部门负责人考核维度、考核人员、考核权重

考核对象	权重项				备注
	年度考核维度权重		年度考核人员权重		
下属公司部门负责人	工作业绩	40%	1. 自我考评	10%	
			2. 下属公司副总经理考评	20%	
			3. 下属公司总经理考评	20%	
	工作态度	30%	4. 下属公司董事长考评	25%	
	工作能力	30%	5. 集团公司总经理考评	25%	

注:"下属公司副总经理考评"一栏,如下属公司有设置常务副总经理职位的,只需由常务副总经理考评,其他副总经理不需参与考评。

(五)考核实施

1. 被考核人自评

年度结束,被考核人填写年度考核表,对本人本年度的工作业绩、工作态度、工作能力

进行自我考评。

2. 考核人考评

年度结束，被考核人完成自评后，考核人即根据考核期间公司财务、经营、管理和服务等方面的数据资料及考核过程记录，确定被考核人各项考核指标在本年度的实际完成值，对比目标值，确定考核等级，填写年度考核表，对被考核人的工作业绩、工作态度、工作能力进行考评。

3. 统计汇总考核结果

考核人对被考核人的工作业绩、工作态度和工作能力进行评价，并填写相关考核表后，于指定时间将考核结果送办公室统一汇总，汇总后呈公司领导班子审定。

（六）考核结果反馈

考核人将考核结果反馈给被考核人，双方应于年度考核结束后一个月内就考核结果进行面谈沟通。考核人要明确指出被考核人的成绩、优点及需要改进的地方，听取被考核人的意见并详细记录。然后与被考核人共同制订业绩改善的行动计划，并将其作为下一个考核周期的考核内容。

（七）考核结果申诉

被考核人如对考核结果持有异议，可以采取书面形式向公司办公室申诉。办公室接到员工申诉后，应在3个工作日内做出是否受理的答复。对于无客观事实依据、仅凭主观臆断的申诉，不予受理。

办公室对受理的员工申诉内容进行调查，向其所在部门的部门负责人（如其为申诉者则省略）、公司分管领导进行了解、沟通，研究处理意见，在接到申诉申请书的15个工作日内明确答复申诉人。不能协调审定的，上报公司分管领导或领导班子进行最终裁定，并由办公室将处理结果通知申诉人。

结果的统计、反馈、申述等程序具体参照半年度考核流程。

六、考评结果的应用

（一）考评结果与年度绩效奖发放挂钩

按年度考核综合成绩将员工确定为优秀、称职、基本称职、不称职。年度考评为优秀等级的员工，一次性发放奖金3 000元；称职等级的员工，次年度经营责任考核奖按1.0绩效系数发放；基本称职等级的员工，次年度经营责任考核奖按0.9绩效系数发放；不称职等级的员工，次年度经营责任考核奖按0.5绩效系数发放并做劝退处理。

（二）根据考评结果按一定比例确定优秀员工和先进集体

公司另行制定评选优秀员工和先进集体的办法。

（三）考评结果与员工晋级降级、职务晋职降职、留聘辞退相结合

公司另行制定员工晋级降级、晋职降职、聘用辞退的办法。

七、附则

（1）上述所有考核评比结果如出现异议，最终以公司领导班子研究确定为准。

（2）公司保留依据实际情况对本方案的增删权利。

（3）本制度从2017年8月1日起实施。原制度与本制度规定不相符的，以本制度为准。

GB 集团有限公司
2017 年 8 月 1 日

附录6-2：绩效管理制度基本框架

绩效管理制度基本框架

标题；引言。

第一章　总则

第一条为考核目的；第二条为考核原则；第三条为适用范围。

第二章　考核组织与工作职责

第四条为考核组织；第五条为工作职责。

第三章　考核管理

第六条为考核程序；第七条为考核主体；第八条为考核方法；第九条为考核周期。

第四章　绩效实施与考核

第十条为绩效计划制定；第十一条为绩效辅导实施；第十二条为绩效考核评分；第十三条为绩效分析。

第五章　绩效反馈与改进

第十四条为绩效考核反馈；第十五条为绩效改进计划制订；第十六条为绩效申诉。

第六章　考核结果应用

第十七条为绩效奖金；第十八条为薪资调整；第十九条为岗位调整、晋升晋级；第二十条为培训开发；第二十一条为其他应用。

第七章　附则

第二十二条为解释和修订权限；第二十三条为生效日期。

落款（组织名称、时间）。

任务二：绩效考评指标体系设计

绩效考评指标是用来衡量绩效目标达成的标尺，即通过对绩效的具体评价来衡量绩效目标的实现程度，如销售员的销售目标可以通过销售额、回款率、销售任务完成率、顾客满意度等指标来衡量。

绩效考评指标设计是绩效管理工作的重要组成部分，是考评的准备工作，它将组织、部门和员工的绩效变得可理解、可衡量和可控制，便于考评和参照。

一、实验概述

（一）实验目的

通过本实验，让学生了解绩效指标的内涵，理解绩效指标设计的意义与作用，厘清绩效指标的类型和指标的基本要求，掌握绩效指标选择的依据和指标设计的方法，培养设计绩效指标的能力与技巧。本实验能提升学生的资料收集、分析与整合能力，团队合作意识与协作能力，沟通能力，书面表达能力，学习能力等。

（二）实验内容

（1）研读背景材料，查阅参考资料。
（2）梳理背景材料和参考资料，搭建绩效考评指标体系的基本框架。
（3）设计 GB 公司办公室和财务部的绩效考评指标体系。
（4）设计 BP 公司行政部经理和人力资源专员的绩效考评指标体系。

（三）实验条件

可选择在电脑实验室完成，也可选择在课外完成。若在电脑实验室实验，须保证每个学生都有电脑可用；若在课外实验，每个学生要有自己的电脑。本实验的总时长为 4 个学时。

二、实验材料

（一）背景材料

（1）附录 6-3：GB 集团有限公司办公室 2017 年度重点工作目标责任书。
（2）附录 6-4：GB 集团有限公司财务部 2017 年度重点工作目标责任书。
（3）附录 6-5：BP 公司行政部经理工作说明书。
（4）附录 6-6：BP 公司人力资源专员工作说明书。

（二）辅助材料

学生通过网络或其他渠道查阅更多其他公司相关部门和岗位的绩效考评指标。

三、实验流程

绩效考评指标体系设计实验流程主要分为五个步骤，如图 6-2 所示。

图 6-2　绩效考评指标体系设计实验流程

（一）步骤一：组建团队

将学生按照 5~6 人的规模分成若干组，并且每组选定一位组长。

（二）步骤二：布置任务

教师向学生详细说明实验的相关内容，包括实验目的、实验基本要求、实验成果形式、实验完成时间、实验考核方式及实验成绩评定细则等。

（三）步骤三：组织实施

（1）各小组组长组织本组成员对实验目的、实验基本要求、实验内容、实验成果形式、实验考核方式及实验成绩评定细则进行学习讨论，并做好人员分工和任务完成计划。

（2）各小组成员对背景材料进行认真研读，在充分讨论后形成绩效考评指标体系的初步框架。

（3）学生通过网络或其他渠道查阅更多其他公司相关部门和岗位的绩效考评指标，在充分研读和讨论的基础上，对绩效考评指标体系的初步框架进行修改和完善。

（4）结合办公室和财务部两个部门的现实情况，设计这两个部门的绩效考评指标体系。例如，营销部的绩效考评指标体系可以有费用预算达成率、销售成本金额控制率、销售增长率、销售目标达成率、货款回收及时率、销售费用率、销售服务响应及时率、市场占有率、重要客户保有率、新客户开发率、关键员工流失率、培训计划完成率等。

（5）结合行政部经理和人力资源专员两个岗位的现实情况，设计这两个岗位的绩效考评指标体系。例如，办公室文员的绩效考评指标体系有文件发放的及时性与准确性、文件保存的完整性与有序性、各类文书材料收发的及时性与准确性、组织纪律性、沟通协调能力、表达能力等。

（四）步骤四：完成成果

各小组用4个学时完成两项成果：成果1为实验报告，成果2为演讲PPT。其中实验报告包括实验目的、实验过程记录、实验收获与感悟、绩效考评指标体系（包括GB公司办公室和财务部、BP公司行政部经理和人力资源专员的绩效考评指标体系）。演讲PPT包括实验目的、实验内容、实验过程、实验收获与感悟。PPT为此次实验所有成果的展示。

（五）步骤五：演讲汇报

选取4~6个小组上台做实验成果的演讲汇报，每个小组演讲的时间为15分钟左右。各小组汇报后，由同学与教师共同提问评议，并评定成绩。未上台汇报的小组，其演讲部分的成绩由教师审阅该组的演讲PPT，并参照汇报小组的成绩进行权衡评定。演讲汇报部分总时长为2个学时。

四、实验考核

（一）成绩构成

实验成绩由成果1（实验报告）、课堂演讲和个人表现组成，其中成果1占50%，由教师评定；课堂演讲占40%，由各小组随机选取1位同学加上教师本人共同组成测评团，其中教师的评分占60%，同学们的评分占40%；个人表现占10%，由各小组的组长评定。绩效考核指标体系设计实验成绩构成如表6-2所示。

表6-2　绩效考核指标体系设计实验成绩构成

项目	权重	评价主体	系数	评分（百分制）	得分
成果1（实验报告）	50%	教师	1.0		
课堂演讲	40%	教师	0.6		
		学生测评团	0.4		
个人表现	10%	小组长	1.0		
合计	100%	—	—		

（二）成绩评定细则

1. 实验报告的成绩评定细则

版面整洁，排版格式规范美观，计10分；框架结构完整，内容饱满，计20分；实验过程记录部分，真实客观、详细完整、逻辑清楚，计20分；实验收获与感悟部分，实事求是、有理有据、陈述深刻，计20分；实验主要内容部分，内容紧扣GB公司和BP公司的实际情况、语句通顺、用词准确、条理清晰，计30分。

2. 演讲汇报的成绩评定细则

PPT 的主体内容完整，重点突出，计 20 分；PPT 制作美观、简洁，多媒体运用恰当，计 20 分；演讲人员表达通顺、声音洪亮、肢体语言得体，计 30 分；演讲人员对问题及疑问的解答准确，计 30 分。

3. 个人表现的成绩评定细则

态度分，积极主动、热情认真、服从任务安排，计 30 分；数量分，除了完成正常工作任务外，还超额完成了其他工作，计 20 分；质量分，工作任务完成较好，无明显失误和不足，计 30 分；效率分，完成各项工作任务的速度快、准确度高，计 20 分。

附录 6-3：GB 集团有限公司办公室 2017 年度重点工作目标责任书

GB 集团有限公司办公室 2017 年度重点工作目标责任书

为确保 2017 年集团公司重点工作目标的顺利实现，全面落实各项经营和管理责任，实现规范化、科学化管理，根据本年度整体工作安排和实际情况，特签订本目标责任书。

一、重点工作目标任务

1. 抓好市委市政府交办的工作任务，特别是政府工作报告中的任务和十件民生实事的督办落实，并做好情况汇报。

2. 做好市人大和政协的建议、提案答复工作，建议、提案的答复率、满意率均达 100%。

3. 做好集团公司重点工作目标任务分解、检查落实和日常督办工作，并按季度通报进度。

4. 做好集团公司本部月度工作计划及完成情况的汇总工作。

5. 在 4 月底之前完成企业防范法律风险专题调研，在 7 月底之前完成培育新的经济增长点专题调研。

6. 收文要做到签收、登记、传阅及时，拟办、催办、查办认真得力，归档完整，无差错率达 100%。

7. 发文要及时呈批、格式规范，无差错率达 98%。

8. 完成集团公司年度制度汇编及综合档案室整理和内控信息化等相关基础建设。

9. 及时传达并认真贯彻落实集团公司重要会议精神。

二、考核办法

集团公司对 2017 年重点工作目标责任落实情况按季度进行督办，年终集团公司绩效考核领导小组对各部室、单位重点工作目标任务落实情况进行考核。

本责任书一式两份，自签订之日起生效。

集团公司总经理　　　　　　　　　　　　　　责任单位负责人

（签名）：　　　　　　　　　　　　　　　　（签名）：

2017 年 3 月 7 日

附录 6-4：GB 集团有限公司财务部 2017 年度重点工作目标责任书

GB 集团有限公司财务部 2017 年度重点工作目标责任书

为确保 2017 年集团公司重点工作目标的顺利实现，全面落实各项经营和管理责任，实现规范化、科学化管理，根据本年度整体工作安排和实际情况，特签订本目标责任书。

一、重点工作目标任务

1. 积极推动直接融资（中期票据、短期融资券）和间接融资工作，年内融资总额不低于 12 亿元。
2. 做好财务预算、核算和决算工作，完成率达 100%，财务核算和决算准确率达 99%。
3. 按章纳税，完成率达 100%。
4. 融资综合成本率 9%。
5. 年度贷款总额比 2016 年有所减少，财务成本明显下降。
6. 全力确保集团公司资金链安全，防范化解财务风险。
7. 及时传达并认真贯彻落实集团公司重要会议精神。

二、考核办法

集团公司对 2017 年重点工作目标责任落实情况按季度进行督办，年终集团公司绩效考核领导小组对各部室、单位重点工作目标任务落实情况进行考核。

本责任书一式两份，自签订之日起生效。

集团公司总经理　　　　　　　　　　　　　　责任单位负责人

（签名）：　　　　　　　　　　　　　　　　（签名）：

2017 年 3 月 7 日

附录 6-5：BP 公司行政部经理工作说明书

BP 公司行政部经理工作说明书

一、职位资料

职位名称	行政部经理	所属类型	管理■ 技术□ 后勤□	级别	（副）经理级	姓名	×××	本职位人数	1
接触设备	电脑、电话			使用工具	办公用具				
业务所需接洽之单位与目的	内部关系	与内部各部门联系、沟通信息、协同工作							
	外部关系	与政府职能部门、社会团体、业务单位往来、联系工作、协调关系							
从属关系	职位名称/人数								
直接上司	总经理/1 人								

二、工作说明

（一）主要工作职责

1. 公司运营的日常行政管理工作。

2. 人力资源管理工作。

3. 总务管理工作。

4. 组织危机管理工作及外部投诉的日常处理工作。

5. 公司各部门协调工作。

6. 负责协助公司文件宣传、公共关系、企业文化建设。

（二）主要工作内容

1. 行政部日常事务处理，各类报告、申请的审批及过程跟踪、结果评估。

2. 组织制定人力资源规划，参与重大人事决策，定期收集人事、招聘、培训、考核、薪酬等方面的信息供公司决策参考。

3. 组织制定公司相关人力资源制度，并对公司组织架构设计提出改进方案。

4. 开展员工关系管理工作。

5. 公司后勤、总务相关制度的管理工作，包括车辆管理、饭堂运营督导，保证工作跟进等。

6. 员工及外部危机处理的日常工作，包括仲裁、工伤等事宜。

7. 部门之间的协调及政府与企业之间的相关外联工作。

8. 文化及企业活动的组织实施工作，包括文体活动、教育宣传等。

9. 企业内部结构调整和评估考核工作。

（三）任职要求

本科以上学历，熟悉外商投资企业的各类运作程序，懂工商企业管理知识，从事企业中高层管理工作3年以上，组织能力强、决策能力高，有较强的沟通技巧。

附录6-6：BP公司人力资源专员工作说明书

BP公司人力资源专员工作说明书

一、职位资料

职位名称	人力资源专员	所属类型	管理■ 技术□ 后勤□	级别	副主管级	姓名	×××	本职位人数	1
接触设备	电脑、打印机、投影仪、复印机			使用工具			电脑		
业务所需接洽之单位与目的	内部关系	各部门							
	外部关系	培训机构、咨询公司、招聘机构等							
从属关系	职位名称/人数			从属关系		职位名称/人数			
直接上司	行政经理/1人			间接上司		总经理/1人			

二、工作说明

（一）主要工作职责

1. 人力资源的分析与开发。
2. 结合公司总体目标和员工培训需求，尽力整合、开发并利用各种培训资源。
3. 做好每次培训的计划、组织和记录，并不断总结经验，持续改进工作方法及管理相关资料。
4. 将培训与企业文化结合起来，通过培训做好企业文化的宣传和强化工作。
5. 充分利用并保管好所有的培训设备和书籍、光碟等资源。
6. 组织公司招聘工作，完善与优化公司的招聘选拔体系。
7. 推动与完善公司的文化建设。
8. 员工职业生涯规划的管理。

（二）主要工作内容

1. 各种培训需求的分析、筛选，培训计划的拟定，内部培训师的管理，课程开发及相关资料的管理。
2. 培训活动的组织及相关资料的整理与完善。
3. 培训体系和培训制度的建立，不断完善公司培训体系，并制定培训制度保证培训工作的实施和达到预期效果。
4. 讲授相关课程。
5. 组织公司的招聘，完善与优化公司的招聘选拔体系。
6. 公司组织架构的更新与存档。
7. 推动与完善公司的文化建设。
8. 员工职业生涯规划管理等人力资源其他相关工作的完善与优化。
9. 完成上司临时交办的其他事务。

（三）任职要求

1. 具有良好的沟通能力，善于组织协调，有 2 年以上相关工作经验，责任心强，能适应工作压力。
2. 具有较强的专业知识，特别是对人才的开发与发展有独到的见解与工作方法。
3. 精通各种人才测评工具的使用，知识面较广。

任务三：绩效考核表设计

绩效考核表是对组织、部门及员工的工作业绩、工作能力、工作态度和个人品德等进行评价和统计的表格，用于判断和发现组织、部门及员工的绩效水平和绩效问题。

一、实验概述

（一）实验目的

通过本实验，让学生了解绩效考核表的基本信息和主体内容，明确绩效考核表中考核指标的提取和绩效标准的确定，培养设计绩效考核表的能力与技巧。本实验能提升学生的资料收集、分析与整合能力，团队合作意识与协作能力，沟通能力，书面表达能力，学习能力等。

（二）实验内容

（1）依据上一个实验（任务二）所设计的绩效考评指标体系（GB 公司办公室和财务部的绩效考评指标体系，BP 公司行政部经理和人力资源专员的绩效考评指标体系）为背景材料，进行认真学习研讨。

（2）查阅参考资料，在认真梳理所有资料后，搭建绩效考核表的基本框架。

（3）设计 GB 公司办公室和财务部的绩效考核表。

（4）设计 BP 公司行政部经理和人力资源专员的绩效考核表。

（三）实验条件

可选择在电脑实验室完成，也可选择在课外完成。若在电脑实验室实验，须保证每个学生都有电脑可用；若在课外实验，每个学生要有自己的电脑。本实验的总时长为 4 个学时。

二、实验材料

（1）背景材料。GB 公司办公室和财务部的绩效考评指标体系，BP 公司行政部经理和人力资源专员的绩效考评指标体系。

（2）辅助材料。学生通过网络或其他渠道查阅更多其他公司相关部门和岗位的绩效考核表。

三、实验流程

绩效考核表设计实验流程主要分为五个步骤，如图 6-3 所示。

图 6-3　绩效考核表设计实验流程

（一）步骤一：组建团队

将学生按照 5~6 人的规模分成若干组，并且每组选定一位组长。

（二）步骤二：布置任务

教师向学生详细说明实验的相关内容，包括实验目的、实验基本要求、实验成果形式、实验完成时间、实验考核方式及实验成绩评定细则等。

（三）步骤三：组织实施

（1）各小组组长组织本组成员对实验目的、实验基本要求、实验内容、实验成果形式、实验考核方式及实验成绩评定细则进行学习讨论，并做好人员分工和任务完成计划。

（2）各小组成员对背景材料进行认真研读，在充分讨论后形成绩效考核表的初步框架。

（3）学生通过网络或其他渠道查阅更多其他公司相关部门和岗位的绩效考核表，在充分研读和讨论的基础上，对绩效考核表的初步框架进行修改和完善。

（4）结合办公室和财务部两个部门的现实情况，设计这两个部门的绩效考核表。

（5）结合行政部经理和人力资源专员两个岗位的现实情况，设计这两个岗位的绩效考核表。绩效考核表的主要内容通常涵盖考核维度、考核指标、考核指标计量单位、考核指标计算方法或评价依据、评价周期、考核指标权重、绩效标准、计分方法、评分栏等项目。在进行绩效考核表的设计时，请认真对绩效考核表中所涉及的项目进行学习和研讨。

（四）步骤四：完成成果

各小组用 4 个学时完成两项成果：成果 1 为实验报告，成果 2 为演讲 PPT。其中实验报告包括实验目的、实验过程记录、实验收获与感悟、绩效考核表（包括 GB 公司办公室和财务部、BP 公司行政部经理和人力资源专员的绩效考核表）。演讲 PPT 包括实验目的、实验内容、实验过程、实验收获与感悟。PPT 为此次实验所有成果的展示。

（五）步骤五：演讲汇报

选取 4~6 个小组上台做实验成果的演讲汇报，每个小组演讲的时间为 15 分钟左右。各小组汇报后，由同学与教师共同提问评议，并评定成绩；未上台汇报的小组，其演讲部分的成绩由教师审阅该组的演讲 PPT，并参照汇报小组的成绩进行权衡评定。演讲汇报部分总时长为 2 个学时。

四、实验考核

（一）成绩构成

实验成绩由成果 1（实验报告）、课堂演讲和个人表现组成，其中成果 1 占 50%，由教师评定；课堂演讲占 40%，由各小组随机选取 1 位同学加上教师本人共同组成测评团，其中教师的评分占 60%，同学们的评分占 40%；个人表现占 10%，由各小组的组长评定。绩效考核表设计实验成绩构成如表 6-3 所示。

表 6-3　绩效考核表设计实验成绩构成

项目	权重	评价主体	系数	评分（百分制）	得分
成果 1（实验报告）	50%	教师	1.0		
课堂演讲	40%	教师	0.6		
		学生测评团	0.4		
个人表现	10%	小组长	1.0		
合计	100%	—	—	—	

（二）成绩评定细则

1. 实验报告的成绩评定细则

版面整洁、排版格式规范美观，计 10 分；框架结构完整、内容饱满，计 20 分；实验主要内容部分，内容紧扣 GB 公司和 BP 公司的实际情况，语句通顺、用词准确、条理清晰，计 30 分；实验过程记录部分，真实客观、详细完整、逻辑清楚，计 20 分；实验收获与感悟部分，实事求是、有理有据、陈述深刻，计 20 分。

2. 演讲汇报的成绩评定细则

PPT 的主体内容完整、重点突出，计 20 分；PPT 制作美观、简洁，多媒体运用恰当，计 20 分；演讲人员表达通顺、声音洪亮、肢体语言得体，计 30 分；演讲人员对问题及疑问的解答准确，计 30 分。

3. 个人表现的成绩评定细则

态度分，积极主动、热情认真、服从任务安排，计 30 分；数量分，除了完成正常工作任务外，还超额完成了其他工作，计 20 分；质量分，工作任务完成较好，无明显失误和不足，计 30 分；效率分，完成各项工作任务的速度快、准确度高，计 20 分。

任务四：绩效沟通

绩效沟通是管理者和下属为了实现绩效目标而开展的建设性、平等、双向和持续的信息分享和思想交流。绩效沟通的信息包括有关工作进展情况、下属工作中的潜在障碍和问题、各种可能的解决措施等。

一、实验概述

（一）实验目的

了解绩效沟通的内涵和基本原则，理解绩效沟通在员工绩效实现过程中的意义与作用，厘清绩效沟通的基本要求和具体内容，掌握绩效沟通的方式方法，培养绩效沟通的能力与技巧。本实验能提升学生资料的收集、分析与整合能力，团队合作意识与协作能力，沟通能力，书面表达能力，学习能力等。

（二）实验内容

(1) 设计绩效沟通提纲。

(2) 查阅参考资料，修订和完善绩效沟通提纲。

(3) 编写绩效沟通剧本或拍摄绩效沟通视频。

(4) 现场模拟表演。

（三）实验条件

可选择在电脑实验室完成，也可选择在课外完成。若在电脑实验室完成，须保证每个学生都有电脑可用；若在课外完成，每个学生要有自己的电脑。该实验的总时长为 4 个学时。

二、实验材料

（一）背景材料

学生以小组为单位，其中小组组长扮演管理者，其他成员扮演下属；或者各小组自行设计人物角色，但至少有 1 个主管。

（二）辅助材料

学生通过网络或其他渠道查阅更多绩效沟通的文字材料或视频资料。

三、实验流程

绩效沟通实验流程主要分为五个步骤，如图 6-4 所示。

图 6-4 绩效沟通实验流程

(一) 步骤一：组建团队

将学生按照 5~6 人的规模分成若干组，并且每组选定一位组长。

(二) 步骤二：布置任务

教师向学生详细说明实验的相关内容，包括实验目的、实验基本要求、实验成果形式、实验完成时间、实验考核方式及实验成绩评定细则等。

(三) 步骤三：组织实施

（1）各小组组长组织本组成员对实验目的、实验基本要求、实验内容、实验成果形式、实验考核方式及实验成绩评定细则进行学习讨论，并做好人员分工和任务完成计划。

（2）各小组对本组成员的角色进行确定，可以是组长扮演上司，其他成员扮演下属；或者是设计某些特定专业的人物角色，但至少要有 1 个主管。

（3）各小组独自设计绩效沟通提纲。

（4）学生通过网络或其他渠道查阅更多绩效沟通的文字材料或视频资料，然后对绩效沟通提纲进行修改和完善。

（5）编写绩效沟通剧本或拍摄绩效沟通视频，其中剧本要有主题、剧情、人物、对白。

进行绩效沟通实验前，认真学习并充分领会绩效沟通的原则、绩效沟通过程中需要特别注意的问题、绩效沟通的形式、绩效沟通的具体内容、绩效沟通的技巧。

(四) 步骤四：完成成果

各小组用 4 个学时完成两项成果：成果 1 为实验报告，包括实验目的、实验过程记录、实验收获与感悟；成果 2 为绩效沟通剧本或拍摄的绩效沟通视频。

(五) 步骤五：演讲汇报

选取 4~6 个小组上台做实验成果的现场模拟表演，每个小组表演的时间为 15 分钟左右。各小组表演后，由同学与教师共同提问评议，并评定成绩。未上台汇报的小组，其表演部分的成绩由教师审阅该组的绩效沟通剧本或拍摄的绩效沟通视频，并参照表演小组的成绩进行权衡评定。现场模拟表演部分总时长为 2 个学时。

四、实验考核

(一) 成绩构成

实验成绩由成果 1（实验报告）、成果 2（绩效沟通剧本或拍摄的绩效沟通视频）、现场模拟表演组成，其中成果 1 占 20%，成果 2 占 40%，都由教师评定；现场模拟表演占 40%，由各小组随机选取 1 位同学加上教师本人共同组成测评团，其中教师的评分占 60%，同学们的评分占 40%。绩效沟通实验成绩构成如表 6-4 所示。

表 6-4 绩效沟通实验成绩构成

项目	权重	评价主体	系数	评分（百分制）	得分
成果1（实验报告）	20%	教师	1.0		
成果2（剧本或视频）	40%	教师	1.0		
现场模拟表演	40%	教师	0.6		
		学生测评团	0.4		
合计	100%	—	—	—	—

（二）成绩评定细则

1. 实验报告的成绩评定细则

版面整洁、排版格式规范美观，计10分；框架结构完整、内容饱满，计30分；实验过程记录部分，真实客观、详细完整、逻辑清楚，计30分；实验收获与感悟部分，实事求是、有理有据、陈述深刻，计30分。

2. 绩效沟通剧本或拍摄的绩效沟通视频的成绩评定细则

2 800～3 200字的绩效沟通剧本或15～20分钟的绩效沟通视频，计30分；剧本剧情完整、排版格式规范美观，或视频剧情完整、清晰流畅，计30分；剧本剧情内容客观、可行性强、可操作性好、语句表述通顺、观点正确、用词准确，或视频中人物对话内容生动有趣、肢体语言得体、语句表述通顺、观点正确、用词准确，计40分。

3. 现场模拟表演的成绩评定细则

角色分配合理，角色投入到位，计20分；剧情完整，表演充分流畅，计30分；表演人员表达通顺、声音洪亮、肢体语言得体，计30分；表演人员对问题及疑问的解答准确，计20分。

任务五：绩效考评申诉

绩效考评申诉是指评价对象对评价结果持有异议，依照法律、法规或规章制度向有权受理的机构提起申诉申请，受理部门依照规定的程序对相应的评价过程和结果进行审查、调查并提出解决办法的过程。

绩效考评申诉是绩效考评的一个重要环节，是为确保劳动关系公平，保障考评工作公平、公正、合理，使考评更有效地发挥作用而设置的环节。

一、实验概述

（一）实验目的

了解绩效考评申诉的内涵，理解绩效考评申诉的意义与作用，把握绩效考评申诉的原则，掌握绩效考评申诉的程序和申诉体系的构建，培养设计绩效考评申诉体系的能力与技巧。本实验能提升学生的资料收集、分析与整合能力，团队合作意识与协作能力，沟通能力，书面表达能力，学习能力等。

（二）实验内容

（1）在绩效考评申诉管理制度基本框架的基础上，构建一份相对完整、合理、可行的绩效考评申诉管理制度。

（2）根据绩效考评申诉管理的几个关键节点，绘制一张绩效考评申诉流程图。

（三）实验条件

可选择在电脑实验室完成，也可选择在课外完成。若在电脑实验室完成，须保证每个学生都有电脑可用；若在课外完成，每个学生要有自己的电脑。该实验的总时长为4个学时。

二、实验材料

（一）背景材料

附录6-7：绩效考评申诉管理制度。

（二）辅助材料

学生通过网络或其他渠道查阅更多其他公司的绩效考评申诉管理制度和绩效考评申诉流程图。

三、实验流程

绩效考评申诉实验流程主要分为五个步骤，如图6-5所示。

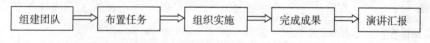

图6-5　绩效考评申诉实验流程

（一）步骤一：组建团队

将学生按照5~6人的规模分成若干组，并且每组选定一位组长。

（二）步骤二：布置任务

教师向学生详细说明实验的相关内容，包括实验目的、实验基本要求、实验成果形式、实验完成时间、实验考核方式及实验成绩评定细则等。

（三）步骤三：组织实施

（1）各小组组长组织本组成员对实验目的、实验基本要求、实验内容、实验成果形式、实验考核方式及实验成绩评定细则进行学习讨论，并做好人员分工和任务完成计划。

（2）各小组成员对背景材料进行认真研读，在充分讨论后对绩效考评申诉管理制度框架进行修订完善，初步设计绩效考评申诉流程图的草图。

（3）学生通过网络或其他渠道查阅更多其他公司的绩效考评申诉管理制度和绩效考评申诉流程图，在充分研读和讨论的基础上，对绩效考评申诉管理制度和绩效考评申诉流程图进行修改和完善。

进行绩效考评申诉实验前，认真学习并充分领会绩效考评申诉要遵循的原则、绩效考评申诉的重要性及绩效考评申诉体系的主要内容。

(四) 步骤四：完成成果

各小组用 4 个学时完成两项成果：成果 1 为实验报告，成果 2 为演讲 PPT。其中实验报告包括实验目的、实验过程记录、实验收获与感悟、绩效考评申诉管理制度和绩效考评申诉流程图。演讲 PPT 包括实验目的、实验内容、实验过程、实验收获与感悟。

(五) 步骤五：演讲汇报

选取 4~6 个小组上台做实验成果的演讲汇报，每个小组演讲的时间为 15 分钟左右。各小组汇报后，由同学与教师共同提问评议，并评定成绩。未上台汇报的小组，其演讲部分的成绩由教师审阅该组的演讲 PPT，并参照汇报小组的成绩进行权衡评定。演讲汇报部分总时长为 2 个学时。

四、实验考核

(一) 成绩构成

实验成绩由成果 1（实验报告）、课堂演讲和个人表现组成，其中成果 1 占 50%，由教师评定；课堂演讲占 40%，由各小组随机选取 1 位同学加上教师本人共同组成测评团，其中教师的评分占 60%，同学们的评分占 40%；个人表现占 10%，由各小组的组长评定。绩效考评申诉实验成绩构成如表 6-5 所示。

表 6-5 绩效考评申诉实验成绩构成

项目	权重	评价主体	系数	评分（百分制）	得分
成果 1（实验报告）	50%	教师	1.0		
课堂演讲	40%	教师	0.6		
		学生测评团	0.4		
个人表现	10%	小组长	1.0		
合计	100%	—	—	—	—

(二) 成绩评定细则

1. 实验报告的成绩评定细则

版面整洁，排版格式规范美观，计 10 分；框架结构完整，内容饱满，计 20 分；实验主要内容部分，内容符合现实情况、语句通顺、用词准确、条理清晰，计 30 分；实验过程记录部分，真实客观、详细完整、逻辑清楚，计 20 分；实验收获与感悟部分，实事求是、有理有据、陈述深刻，计 20 分。

2. 演讲汇报的成绩评定细则

PPT 的主体内容完整，重点突出，计 20 分；PPT 制作美观、简洁，多媒体运用恰当，计 20 分；演讲人员表达通顺、声音洪亮、肢体语言得体，计 30 分；演讲人员对问题及疑问的解答准确，计 30 分。

3. 个人表现的成绩评定细则

态度分，积极主动、热情认真、服从任务安排，计 30 分；数量分，除了完成正常工作任务外，还超额完成了其他工作，计 20 分；质量分，工作任务完成较好，无明显失误和不足，计30分；效率分，完成各项工作任务的速度快、准确度高，计20分。

附录6-7：绩效考评申诉管理制度

绩效考评申诉管理制度

第1章　总则

第1条　目的
第2条　适用范围
第3条　职能划分

第2章　申诉的内容及处理方式

第4条　申诉处理原则
第5条　申诉的内容
第6条　申诉的方式及时效
第7条　申诉的途径
第8条　申诉处理方式
第9条　申诉处理流程

第3章　申诉相关事项的说明

第10条　（例如，员工对绩效考评结果不满提出申诉的，申诉期间原考评结果及处理决定依然有效，相关部门必须按规定执行。）

第11条
第12条

第4章　附　则

第13条　本制度由人力资源部根据相关规定起草、编制。
第14条　本制度由人力资源部负责解释。

执行部门：	监督部门：	编修部门：
编制日期：	审核日期：	批准日期：

第七章

薪酬管理

薪酬体系的设计和管理是极富挑战性的工作。该项工作的过程中有三个核心问题需要解决：一是内部一致性和薪酬结构的问题；二是外部竞争性和薪酬水平的问题；三是员工贡献度和绩效奖励的问题。

本章的任务一至任务三围绕前两个核心问题，以科学合理的内部职位评价结果与外部市场薪酬调查结果为依据，推导出组织的薪酬政策线，进而设计薪酬结构。任务四则以绩效考核结果和相对薪酬水平这两个变量为依据进行绩效加薪的实际操作。

任务一：应用要素计点法进行职位评价

国际劳工组织（International Labour Organization，ILO）认为，职位评价是一个系统分析某种工作对员工提出的各种要求的过程，即对一位标准任职者正常履行职位职责所必须达到的各种要求进行比较和评估的过程。职位评价的结果将系统地确定组织内各职位之间相对价值的高低，从而为组织建立起职位结构。

职位评价的方法主要有排序法、分类法和要素计点法。其中，要素计点法使用比较广泛，但其操作也更加复杂。

一、实验概述

选定一家组织，获取相关资料。在此基础上，学生通过要素计点法，对该组织中的所有职位进行价值评价。

通过本实验，学生将掌握要素计点法的基本原理、操作流程和技术，能够参与甚至主导组织的职位评价活动。

本次实验以小组为单位，每组4~6人，约需4个学时。实验中需要用到电脑和网络。

二、实验材料

材料一：由学生自行联系一家组织，获取该组织的两大类信息：一是基本信息，包括组织规模、历史、产品、市场、组织结构、人员队伍、发展规划等；二是人力资源管理方面的信息，特别是与本实验相关的各类信息资料，例如职位说明书、现行的绩效考核方案、薪酬制度等。

材料二：由学生在互联网上选定一家组织。网络上一般有关于该组织较充分的信息，便于学生跟踪、搜集本实验所需的各种相关资料。

材料三：职位报酬要素与分级定义参照表如表7-1所示。学生在实验过程中，可基于组织的实际需要，从参照表中挑选合适的报酬要素，并借鉴要素定义和要素分级定义，以熟悉和快速掌握报酬要素的选取及定义技术。

表7-1 职位报酬要素与分级定义参照表

1. 责任要素		
1.1 风险控制的责任		
要素定义：在不确定的条件下，为保证生产、销售、产品开发及其他项目顺利进行，并维持我方合法权益所担负的责任。该责任的大小以失败后影响的大小作为判断标准		
1	无任何风险	0
2	仅有一些小的风险，一旦发生问题，不会给公司造成多大的影响	10
3	有一定的风险，一旦发生问题，给公司造成的影响能明显感觉到	30
4	有较大的风险，一旦发生问题，会给公司带来较严重的损害	50
5	有极大风险，一旦发生问题，对公司造成的影响不仅不可挽回，而且会使公司经营出现危机	60
1.2 直接成本/费用控制的责任		
要素定义：在正常工作状态下，因工作疏忽而可能造成的成本、费用、利息等额外损失所承担的责任		
1	几乎不造成成本费用等方面的损失（500元以内）	5
2	造成较小的损失（500~2 000元）	10
3	造成较大的损失（2 000~10 000元）	15
4	造成重大的损失（10 000~50 000元）	20
5	造成非常重大的损失（50 000元以上）	30
1.3 质量责任		
要素定义：以对产品质量或质量体系的影响程度作为判断标准		
1	对产品质量的维护或质量体系的运行影响很小	5
2	对产品质量的维护或质量体系的运行有一定影响	10
3	对产品质量的维护或质量体系的运行影响较大，一旦发生问题，会给公司带来一定损失	30

续表

4	对产品质量的维护或质量体系的运行影响很大,一旦发生问题,会给公司带来巨大损失	40

1.4 产量责任

要素定义:职位对公司产量完成情况的影响,其责任大小根据所能影响的产量范围决定

1	对产量完成影响较小	5
2	承担分配到岗的产量完成责任	10
3	承担分配到班组的产量完成责任	15
4	承担分配到车间的产量完成责任	20
5	承担所在子公司各阶段产量完成责任	30
6	承担有限公司各阶段产量完成责任	40

1.5 安全责任

要素定义:职位所承担的生产安全的责任大小

1	不承担生产安全的责任	0
2	承担本职位的生产安全责任	5
3	承担本班组的生产安全责任	10
4	承担本车间的生产安全责任	15
5	承担所在子公司的生产安全责任	25
6	承担有限公司的生产安全责任	35

1.6 保密责任

要素定义:对所掌握的技术、信息等公司要求保密的信息有保密义务,其责任大小根据所掌握信息的保密等级决定

1	掌握在全公司内公开的信息,承担公司要求保密的信息的保密责任	5
2	掌握公司在一定范围内公开的信息,承担对所掌握信息的保密责任。一旦信息泄露,将对公司产生负面影响	10
3	掌握公司要求严格保密的关键技术和信息,承担对关键技术和信息的保密责任。一旦信息泄露,将严重影响公司利益	20

1.7 收入责任

要素定义:对公司实现预定收入的影响程度

1	对公司的收入影响较小	10
2	对公司的收入有一定的影响	20
3	对所在公司的整体收入有较大影响	40

1.8 指导监督的责任

要素定义:在正常权力范围内所拥有的正式的指导监督职责,其责任大小由所监督指导人员的数量(所有下属的数量)多少决定

续表

1	不监督指导任何人，只对自己负责	0
2	指导监督下属 3 人以下	10
3	指导监督下属 4~10 人	15
4	指导监督下属 11~20 人	20
5	指导监督下属 21~35 人	25
6	指导监督下属 36~50 人	30
7	指导监督下属 50 人以上	35

1.9　内部协调责任

要素定义：在正常工作中，需要与之合作，共同顺利开展业务的协调活动，其责任大小以所协调对象所在层次高低、人员数量多少、频繁程度高低和失调后果大小作为判断基准

1	几乎不需要与任何人进行协调，若有，也只是偶尔与本部门的一般职工协调	0
2	仅与本部门的职工协调，偶尔与其他部门进行一些个人协调，协调不力一般不影响自己和他人的正常工作	5
3	与本部门和其他部门的职工有密切的工作联系，协调不力会影响双方的工作	10
4	几乎与本公司所有的一般职工有密切的工作联系，或与部分经理有工作协调的必要，协调不力对公司有一定的影响	15
5	与各部门的经理有密切的工作联系，在工作中需要随时保持联系和沟通，协调不力对整个公司有重要的影响	25

1.10　外部协调责任

要素定义：在正常工作中需维持密切的工作关系，以便顺利开展工作所负有的责任，其责任大小以方工作重要性程度高低作为判断依据

1	不需要与外界保持密切联系	0
2	需要与外界保持日常性、常规性的联系	10
3	需要与外界发生特别性联系	20
4	需要与外界单位负责人保持密切联系，联系的原因往往涉及重大问题或影响决策	30

1.11　工作结果的责任

要素定义：对工作结果承担多大的责任，以工作结果对公司影响的大小作为判断责任大小的基准

1	只对自己的工作结果负责	10
2	需要对自己和所监督指导者的工作结果负责	15
3	对整个工作组的工作结果负责	20
4	对整个部门的工作结果负责	25
5	对整个公司的工作结果负责	35

续表

	6	对有限公司的工作结果负责	45
1.12	组织人事责任		
	要素定义：在正常工作中，对人员的考核、分配、激励等具有法定的权力		
	1	不负有组织人事的责任	0
	2	仅对个别职工有分配工作任务、考核和激励的责任	10
	3	对一般职工具有分配工作任务、考核和激励的责任	15
	4	对基层的负责人有分配工作任务、考核和激励的责任	25
	5	对中层领导负有分配工作任务、考核和激励的责任	35
1.13	决策的层次		
	要素定义：在正常的工作中需要参与决策，其责任的大小以所参与决策层次的高低作为判断基准		
	1	工作中常做一些小的决定，一般不影响他人	6
	2	工作中需要做一些大的决定，只影响与自己有工作关系的部分一般职工	12
	3	工作中需要做一些对所属人员有影响的决策	18
	4	工作中需要做一些大的决策，但必须与其他部分的负责人共同协商	24
	5	工作中需要参加最高层次决策	30
	2. 知识技能要素		
2.1	最匹配学历要求		
	要素定义：顺利履行工作职责最适宜的学历要求或职称，其判断基准为正规教育水平		
	1	高中以下学历	4
	2	无职称或高中、职业高中或中专学历	8
	3	初级职称或大学专科学历	12
	4	中级职称或大学本科学历	16
	5	高级职称或本科以上学历	20
2.2	知识多样性		
	要素定义：在顺利履行工作职能时需要使用多种学科、专业领域的知识，判断基准在于广博，而不在于精深。		
	1	不需要涉及其他学科知识	7
	2	需要相近专业知识的支持	14
	3	需要两门以内跨专业学科知识的支持	22
	4	需要两门以上跨专业学科知识的支持	30
2.3	熟练期		
	要素定义：具备工作所需的专业知识的一般劳动力需多长时间才能胜任本职工作		

续表

1	1 个月内	4
2	1~3 个月	8
3	3~6 个月	12
4	6~12 个月	16
5	1 年以上	20
2.4	职位操作技能要求	
要素定义：顺利完成操作工作所必需的技能复杂程度		
1	职位操作技能要求很简单，操作技能很容易掌握	10
2	职位技术稍复杂，但操作水平容易提高	15
3	职位技术比较复杂，操作技能要求较高，水平提高较难	20
4	职位技术非常复杂，操作技能要求很高，水平提高很难	30
2.5	工作复杂性	
要素定义：在工作中履行职责的复杂程度，其判断基准为所需的判断分析、计划等水平		
1	简单的、独自的工作	6
2	只需简单的提示即可完成工作，不需要计划和独立判断	12
3	需进行专门训练才可胜任工作，但大部分时候仅需一种专业技术，偶尔需要进行独立判断或计划	18
4	工作时需要运用多种专业技能，经常做独立判断和计划	24
5	工作要求高度的判断力和计划性	30
2.6	工作经验	
要素定义：工作在达到基本要求后，还必须运用某种随经验不断积累才能掌握的技巧，判断基准是掌握这种必需的技巧所花费的实际工作时间		
1	6 个月内	6
2	6~12 个月	12
3	1~2 年	18
4	2~5 年	24
5	5 年以上	30
2.7	工作的灵活性	
要素定义：工作需要灵活处理事情的程度，判断基准为工作职责要求		
1	属于常规性工作，很少或不需要灵活性	0
2	大部分属于常规性工作，偶尔需要灵活处理一些一般性问题	4
3	工作一般属于常规性的，经常需要灵活处理工作中所出现的问题	8

续表

4	工作的一大半属于常规性,主要靠自己灵活地根据具体情况进行妥善处理	12
5	工作非常规,需要在复杂多变的环境中灵活地处理重大的偶然性问题	20
2.8	专业技术知识技能	
要素定义:为顺利履行工作职责而具备的专业技术、知识、素质和能力的要求		
1	基本不需要专业知识	0
2	只需要常识性的专业技术知识,该知识很容易被大家掌握	10
3	工作所需要的专业知识要求较高,该知识很难被掌握	20
4	该职位所需要的专业技术知识要求非常高,该知识涉及公司的竞争能力	30
2.9	管理知识技能	
要素定义:为顺利履行工作职责而具备的管理知识素质和能力的要求		
1	工作简单,基本不需要管理知识	0
2	工作需要基本的管理知识	10
3	需要较强的管理知识和管理能力来协调各方面的关系	20
4	需要非常强的管理能力和决断能力,该工作影响到公司的正常生产与经营	30
2.10	综合能力	
要素定义:为顺利履行工作职责而具备的多种知识素质、经验和能力的总体效能要求		
1	工作单一、简单,无特殊技能和能力	5
2	工作规范化、程序化,仅需某方面的专业知识和技能	10
3	工作多样化,灵活处理问题的要求高,需综合使用多种知识和技能	20
4	非常规性工作,需在复杂多变的环境中处理事务,需要高度的综合能力	30
3. 努力程度要素		
3.1	工作压力	
要素定义:工作本身给任职人员带来的压力,根据决策迅速性、工作常规性、任务多样性、工作流动性及工作是否时常被打断进行判断		
1	极少迅速做决定,工作常规化,工作很少被打断或者干扰	10
2	很少迅速做决定,工作速度没有特殊要求,手头的工作有时被打断	15
3	要求经常迅速做出决定,任务多样化,手头的工作经常被打断,或工作流动性强	20
4	经常迅速做出决定,任务多样化,工作时间很紧张,或工作流动性很强	30
3.2	脑力辛苦程度	
要素定义:在工作时所需注意力集中程度的要求,根据集中精力的时间、频率等进行判断		
1	工作时以体力为主,心神、视力与听觉等随便	5
2	工作时不需要高度集中精力,只从事一般强度的脑力劳动	10

续表

3	少数工作时间必须高度集中精力，从事高强度脑力劳动	20
4	一般工作时间必须高度集中精力，从事高强度脑力劳动	30
5	多数工作时间必须高度集中精力，从事高强度脑力劳动	40
3.3	创新与开拓	
	要素定义：对顺利进行工作所必需的创新与开拓精神和能力的要求	
1	全部工作程序化、规范化，无须开拓和创新	0
2	工作基本规范化，偶尔需要开拓和创新	10
3	工作时需要开拓和创新	20
4	工作性质本身即为开拓和创新的	30
3.4	工作紧张程度	
	要素定义：工作的节奏、时限、工作量、注意力转移程度和工作所需对细节的重视所引起的工作紧迫感	
1	工作的节奏、时限由自己掌握，没有紧迫感	10
2	大部分时间的工作节奏、时限由自己掌握，有时比较紧张，但时间持续不长	15
3	工作的节奏、时限自己无法控制，明显感到工作紧张	20
4	为完成每日的工作需要加快工作节奏，持续保持注意力的高度集中，每天下班时明显感到疲劳	30
3.5	身体疲劳程度	
	要素定义：工作的体力消耗程度	
1	工作几乎不需要消耗体力	5
2	工作需要消耗体力，但不会明显感到疲劳	10
3	工作需要消耗较大的体力，身体能明显感觉到疲劳	20
4	工作需要消耗很大的体力，身体会感到很疲劳	40
3.6	工作均衡性	
	要素定义：工作每天忙闲不均的程度	
1	一般没有忙闲不均的现象	5
2	有时忙闲不均，但有规律性	10
3	经常有忙闲不均的现象，且没有明显的规律性	15
4	工作经常忙闲不均，而且忙的时间持续很长，打破了正常的作息时间	20
	4. 工作环境要素	
4.1	职业病或危险性	
	要素定义：因工作所造成的身体疾病，或工作本身可能对任职者身体所造成的危害	

续表

1	无职业病的可能,或没有可能对身体造成危害		0
2	会对身体某些部位造成轻度伤害,或不注意可能造成人体轻度伤害		10
3	对身体某些部位造成能明显感觉到的损害,或发生意外可造成明显伤害		15
4	对身体某部位造成损害致使产生痛苦,或工作危险大,有可能造成很大伤害		25
4.2 工作时间特征			
要素定义:工作要求的特定起止时间			
1	按正常时间上下班		5
2	基本按正常时间上下班,偶尔需要早到迟退		10
3	上下班时间视具体情况而定,但有一定的规律,自己可以安排		15
4	上下班时间视工作具体情况而定,无规律可循,自己无法控制		30
4.3 工作环境			
要素定义:指与工作有关的物理环境			
1	工作地点环境舒适		0
2	工作流动性大,工作环境简陋		5
3	在高温的工作环境下进行操作		10
4	工作地点噪声较大,对人体造成一定损害		15
5	职位接触有毒有害物质,对人体造成一定危害		20

注:报酬要素总分为 1 000 分,其中责任要素 465 分,知识技能要素 270 分,努力程度要素 190 分,工作环境要素 75 分。

三、实验流程

(一)步骤一:选取典型职位

如果组织中的职位数量不多(20以下),则可以将所有职位都拿来进行评价。但很多时候并没有必要对所有职位都进行评价,同时,考虑到管理成本,可以从中挑选有代表性的典型职位(又叫基准职位)作为评价对象,其他职位的价值大小则通过与典型职位进行比较得出。

典型职位的选择需要满足三个条件:一是代表性,即单个的典型职位要能够代表其所在职位序列中的绝大多数职位,全部的典型职位要能够代表职位序列的结构全貌;二是广泛性,即广为人知;三是稳定性,即典型职位的供给与需求在较长时间内相对稳定,不会经常发生变化。

实际操作时,可请职位序列领域中的管理者估计本序列约可以划分为多少个级别,然后在相应级别中挑出具有代表性的典型职位。

(二)步骤二:选取合适的报酬要素

报酬要素是指一个组织认为在多种不同的职位中都包括的对组织有价值、可衡量的特征。不能选择那些只存在于少数职位中的特征作为报酬要素,否则会导致在职位价值评价中产生歧视和不公平。

需要注意的是，报酬要素具有强化组织战略的作用，一旦选定，对人员的行为和态度具有显著的激励和导向作用，因此，需要谨慎选择。

常见的报酬要素有责任、知识技能、努力程度和工作环境四项。责任强调职责的重大性，也反映组织对任职者完成工作情况的依赖程度；知识技能是指完成工作所需要具备的教育水平、培训、经验和能力等；努力程度是强调工作压力、身体的疲劳和辛苦程度、创造与开拓方面的要求；工作环境是指该项工作的物理环境可能对任职者造成伤害的风险或者引起不适感的程度。

每个小组可根据背景组织的实际情况设定4~8项报酬要素。但需注意，报酬要素之间应当避免出现交叉的情况，因为交叉将导致某些报酬要素被重复计算。若存在无法完全避免交叉的情况，可考虑通过报酬要素的权重设计来尽可能改善。

（三）步骤三：对每一项报酬要素进行分级定义

（1）每个小组需要用简明扼要、通俗易懂的文字对所有的报酬要素进行准确的定义，并设计完成报酬要素定义表。

（2）对每一项报酬要素需要进一步划分等级，等级数量取决于组织内部所有被评价职位在该报酬要素上的差异大小，通常划分为4~6级较适宜。然后，再对每一等级进行定义，并设计完成报酬要素分级定义表。上一步确定了几项报酬要素就要有几张报酬要素分级定义表。

需要注意的是，要做好分级定义，必须深入了解每一项报酬要素的内涵，即每一项报酬要素又包括了哪些子要素。以责任、知识技能、努力程度和工作环境等四项报酬要素为例，在定义每一项报酬要素时均要挖掘对组织而言，其含义覆盖的广度和深度。换句话说，对报酬要素加以定义时需要从其包括的子要素入手进行描述。

1）责任的子要素：决策权、控制的范围、影响的范围、与其他工作的一体化程度、工作的风险、工作失败的影响、在没有监督状态下完成工作任务的能力等。

2）知识技能的子要素：教育水平、专门培训、工作资历、技术能力、专业知识、组织知晓能力、人际关系技能、监督技能等。

3）努力程度的子要素：工作压力、体力要求、脑力辛苦程度、思考的创造性、技能的运用程度、需要协助的程度。

4）工作环境的子要素：工作的潜在伤害性、受到别人伤害的可能性、特定运动神经或注意力集中性所产生的影响、工作过程中的暴露性、整洁性、不舒服感等。

（四）步骤四：确定每一项报酬要素的权重

可用权重来反映每一项报酬要素在总体职位价值评价体系中的重要程度，通常可用百分比的形式表示。权重实际上反映了组织对职位重要性的根本看法。确定权重有两种方法，一是经验法，二是统计法。本次实验建议使用经验法，即评价小组基于经验，通过讨论对权重的分配达成一致意见。报酬要素及其权重分布举例如表7-2所示。

表7-2 报酬要素及其权重分布举例

报酬要素	报酬要素的权重/%
责任	50
知识技能	10
努力程度	35
工作环境	5

(五)步骤五：确定每一项报酬要素各等级所对应的点数

1. 确定职位评价体系的总点数

常用的总点数有 1 000 点、800 点、500 点等。如果被评价的职位数量较多，而且价值差异比较大，总点数就可以高一些。

2. 确定每一项报酬要素的点数

每一项报酬要素的点数＝总点数×该项报酬要素的权重。

3. 确定每一项报酬要素各等级的点数

为报酬要素确定等级点数常用的方法有两种，一是算术法，二是几何法。无论采用哪种方法，每一项报酬要素的总点数都等于该项报酬要素最高等级的点数。

算术法中，级差＝某项报酬要素的总点数÷该项报酬要素的等级数。

几何法中，首先确定等级比率，如 30%；其次，低一级的点数＝高一级的点数÷（1+等级比率）。

报酬要素等级的点数确定举例如表 7-3 所示。

表 7-3 报酬要素等级的点数确定举例

报酬要素	报酬要素的点数（总点数=800）	报酬要素的等级	算术法	几何法
责任	400	1	80	140
		2	160	182
		3	240	237
		4	320	308
		5	400	400
知识技能	80	1	16	28
		2	32	36
		3	48	47
		4	64	62
		5	80	80
努力程度	280	1	56	98
		2	112	127
		3	168	166
		4	224	215
		5	280	280
工作环境	40	1	8	14
		2	16	18
		3	24	24
		4	32	31
		5	40	40

(六)步骤六:评价每一个典型职位,得出每一个典型职位的评价点数

(1)评价小组的每位成员分别对某一典型职位进行评价。

对照已经设计完成的报酬要素分级定义表,评价小组成员确定某一典型职位在各项报酬要素上的等级及相应的点数,然后将该职位在各项报酬要素上获得的点数相加,即得出评价小组成员对该项典型职位的评价点数。

(2)将所有成员对该项典型职位的评价分数进行算术平均或加权平均,即得出该项典型职位的最终评价点数。

对典型职位进行评价,实验小组可事先设计适用的职位评价打分表。典型职位评价打分表举例如表7-4所示。

表7-4 典型职位评价打分表举例

评价者			典型职位							
报酬要素	报酬子要素	分值	1 销售大区业务经理	2 审计部部长	3 检测中心主任	4 熟料制备工段长	5 物资采购室主任	6 环保站站长	7 质量室主任	8 锅炉工段长
责任要素	风险控制的责任	60								
	直接成本/费用控制的责任	30								
	质量责任	40								
	产量责任	40								
	安全责任	35								
	保密责任	20								
	收入责任	40								
	指导监督的责任	35								
	内部协调责任	25								
	外部协调责任	30								
	工作结果的责任	45								
	组织人事责任	35								
	决策的层次	30								
知识技能要素	最匹配学历要求	20								
	知识多样性	30								
	熟练期	20								
	职位操作技能要求	30								
	工作复杂性	30								

续表

评价者			典型职位							
报酬要素	报酬子要素	分值	1 销售大区业务经理	2 审计部部长	3 检测中心主任	4 熟料制备工段长	5 物资采购室主任	6 环保站站长	7 质量室主任	8 锅炉工段长
知识技能要素	工作经验	30								
	工作的灵活性	20								
	专业技术知识技能	30								
	管理知识技能	30								
	综合能力	30								
努力程度要素	工作压力	30								
	脑力辛苦程度	40								
	创新与开拓	30								
	工作紧张程度	30								
	身体疲劳程度	40								
	工作均衡性	20								
工作环境要素	职业病或危险性	25								
	工作时间特征	30								
	工作环境	20								

（七）步骤七：形成初步的职位等级表

（1）将所有典型职位的评价点数从低到高排列，并确定一个职位等级表的大致点数范围。在这一过程中应当考虑到，还有比典型职位更低或更高的职位，划定的点数范围应较大些。

（2）根据等差的方式对点数范围进行等级划分，并将每一个典型职位对应相应的等级，从而形成初步的职位等级表，如表7-5所示（不包括水泥质检室主任及水泥生产室主任）。

（八）步骤八：将其他职位逐一与典型职位进行对比，并为其他职位在职位等级表中确定相应的位置，最终形成正式的职位等级表

表7-5中，"水泥生产室主任"这一职位并非典型职位。将该职位与典型职位进行总体上的比较，认为该职位对组织的价值及贡献度高于"环保站站长"，同时低于"物资采购室主任"，因此，可将"水泥生产室主任"一职定位在390~399点数范围中。类似的非典型职位还有"水泥质检室主任"一职，操作同上。

经过上述八个步骤的操作，即形成了组织正式的职位等级表。职位等级表举例如表7-5所示。

表 7-5 职位等级表举例

职级	点数范围	生产类	管理类	营销类	技术类
…	…				
20	480~489			销售大区业务经理	
	470~479				
19	460~469				
	450~459		审计部部长		
18	440~449				
	430~439				
17	420~429	熟料制备工段长			检测中心主任
	410~419				（水泥质检室主任）
16	400~409	物资采购室主任			
	390~399	（水泥生产室主任）			
15	380~389		环保站站长		
	370~379				质量室主任
14	360~369	锅炉工段长 动力技术室主任			
…	…				

四、实验考核

实验指导教师需要对每一个实验小组在三个方面进行考核：一是对实验背景材料选择的充分性、真实性进行考核；二是对实验完成的及时性进行考核；三是对实验中八个步骤的过程合理性、结果正确性进行考核。应用要素计点法进行职位评价实验考核表如表7-6所示。

表 7-6 应用要素计点法进行职位评价实验考核表

	实验材料	实验进度	步骤一	步骤二	步骤三	步骤四	步骤五	步骤六	步骤七	步骤八
单项满分	15	5	10	15	15	5	5	15	5	10
单项得分										
任务得分										

任务二：市场薪酬调查

企业的内外部环境是不断变化的，也是不可预计的，因此，一个好的薪酬体系不应是僵化的，而需要随时进行调整和适应。企业需要依据市场薪酬调查的结果来设计或调整组织的薪酬水平甚至薪酬结构，从而实现薪酬管理的效率、公平和合法目标。

一、实验概述

以选定的组织为背景，由学生组织开展一次外部市场薪酬调查活动。

通过本实验，学生能够结合组织实际需要设定市场薪酬调查的内容，掌握市场薪酬调查的基本流程、操作技术，能够撰写合格的薪酬调查报告。

本次实验以小组为单位，每组4~6人，约需6个学时。实验中需要用到电脑、网络。

二、实验材料

与本章任务一的实验材料相同。

三、实验流程

任何一次薪酬调查都需要在开始之前就明确具体的调查目的。薪酬调查可以用于薪酬水平的调整、薪酬结构的调整、薪酬构成的调整、薪酬支付政策的调整等多个方面，针对不同的目的，薪酬调查应该有所侧重。

（一）步骤一：小组讨论确认典型职位

组织一方面需要考虑薪酬调查的目的，另一方面需要考虑调查的时间和费用，在此基础上确认将对哪些职位进行调查，即确认典型职位。

典型职位的选择需要满足三个条件：一是可比性，即典型职位必须可以直接与外部劳动力市场上的职位相比较；二是稳定性，即其工作内容相对稳定，易于在其他企业中找到相同或类似的职位；三是完备性，即组织有关典型职位的较完备的职位描述，便于被调查者充分理解和正确匹配。

通常，在较全面的薪酬调查中，典型职位可分为两类：一类是不同行业通用的职位，如会计、总经理等；另一类是能体现行业特点的职位，如房地产企业的建筑设计师。此外，在不同序列、不同层级的职位中，分别选择1~2个典型职位即可。

（二）步骤二：小组讨论确定调查范围和对象

薪酬调查的本意是了解与组织在同一劳动力市场上争夺劳动力的其他组织的薪酬状况。因此，组织需要确定自己所在的劳动力市场到底有多大。当然，组织可能在某些较低层次职位的劳动力雇佣上参与的是地方性劳动力市场上的竞争，而且还会和其他行业的企业展开竞争；而在另一些高层次职位的劳动力雇佣上则参与的是全国劳动力市场上的竞争，竞争对手也多是同一经营领域中的组织。

被调查的组织通常具有以下特征：

（1）这些组织与本组织处于相同或类似的行业。

（2）这些组织雇佣的技术类型与本组织类似。

（3）被调查的组织与本组织的地理位置接近，员工之间可以相互流动。也许最简单的经验法则就是"员工会倾向于流向哪些企业"或"可以从哪些企业挖来需要的人员"。

（4）被调查的大、中、小组织在数量上要均衡，但不必调查规模太小的组织。

(5) 如果可能的话，尽量选择那些有比较成熟的工资管理体系的组织。

（三）步骤三：小组讨论确定调查的内容，共同设计薪酬调查表

薪酬调查的目的不同，调查内容的侧重点也会有所不同。但总体上，调查内容可以分为两大类，一是组织基本信息，二是职位信息。薪酬调查表的形式并不固定，可从网络上搜寻符合要求的模板。

薪酬调查表中常见的内容如下：

1. 组织基本信息
(1) 联系方式。
(2) 公司名称。
(3) 所在区域。
(4) 行业类型。
(5) 组织规模。
(6) 公司员工构成比例。

2. 职位信息
(1) 职位基本信息：职位编号/名称、该职位上的员工数、职位职责、任职资格。
(2) 职位薪酬信息：最低月基本工资、最高月基本工资、短期绩效工资、股票期权（期权授予频率、授予基准、享受员工类型、股票价格或折扣、期权年限、授予时间表）、年终双薪、福利及特殊待遇（住宿、膳食、话费补助、加班津贴、全勤奖、五险一金、员工培训）。

（四）步骤四：展开薪酬调查活动

组织可以自己进行薪酬调查，也可以从某些公共渠道，例如网络，获取市场薪酬信息，还可以从一些咨询公司购买市场薪酬数据。实验小组需要采用两种薪酬调查方式，即自行调查和网络调查来获取薪酬调查数据。因此，在发放和回收薪酬调查表的同时，还需要在网络上搜集可用的二手薪酬数据。每个职位都需要选择若干个调查对象，一般情况下，每个职位20个以上的数据才会有统计意义。

（五）步骤五：数据的筛选、整理和分析

实验小组对回收到的数据必须按顺序进行以下几项整理、核验工作。

(1) 对薪酬数据进行检验，核对职位匹配程度，判断调查对象的职位职责是否与本组织的职位相匹配。如果职位职责相差太大，即使职位名称相同，也应视为无效样本。

(2) 对于匹配的数据，需要进行可疑数据的检查与审核。

(3) 对于匹配的数据，需要进行区域匹配、行业匹配及任职资格匹配分析。根据匹配情况，设定修正系数，可取1.2、1.1、0.9、0.8。以区域匹配为例，如果调查区域薪酬水平明显低于组织所在地，修正系数可取1.2或1.1；如果调查区域薪酬水平高于组织所在地，修正系数可取0.9或0.8。

(4) 按上述方法将数据进行修正后，每个典型职位对应着一系列数据。实验小组需要对数据进行最基本的频度分析、平均数分析、中值分析、百分位分析。

(六) 步骤六：撰写薪酬调查报告

要求每个实验小组撰写一份薪酬调查报告，报告一般包括五类内容，薪酬调查报告主要内容如表7-7所示。

表7-7　薪酬调查报告主要内容

一、薪酬调查样本概述
1. 所有受访单位行业类别分布
2. 所有受访单位性质分布
3. 所有受访单位现有员工年龄分布
4. 所有受访单位现有员工学历水平分布
二、行业类别样本数据统计分析
1. 年度基本工资总额
2. 年度变动工资总额（年度奖金总额/分红总额）
3. 年度福利总额（年度法定福利总额/年度公司福利总额）
4. 年度津贴、补贴总额
三、职位类别薪酬统计表
1. 年度基本工资总额
2. 年度变动工资总额（年度奖金总额/分红总额）
3. 年度津贴、补贴总额
四、各职位薪酬综合一览表
表中包括各典型职位的基本工资情况、变动工资、福利、津贴补贴和其他收入的具体情况，如基本工资需用样本的最低值、最高值、平均值、中位值、75分位值等统计值描述。
五、其他

四、实验考核

实验指导教师需要对每一实验小组在三个方面进行考核：一是对实验前的计划性和实验完成的及时性进行考核；二是对实验中六个步骤的过程合理性、结果正确性进行考核；三是对实验中调查目的与调查内容的匹配性进行考核。市场薪酬调查实验考核表如表7-8所示。

表 7-8　市场薪酬调查实验考核表

项目	单项满分	单项得分	任务得分
1. 实验的计划性和完成的及时性	5		
2. 典型职位选择的恰当性	15		
3. 调查范围和对象的合理性	5		
4. 调查内容的合理性	15		
5. 调查表格设计合理、表述规范	10		
6. 调查表的回收情况	10		
7. 处理调查数据的规范性	10		
8. 薪酬调查报告分析深入、表述规范、结论恰当	20		
9. 调查目的和调查内容的匹配性	10		

任务三：设计薪酬结构

薪酬结构是对同一组织内部不同职位之间的工资率所做的安排。设计的薪酬结构是在组织的内部一致性和外部竞争性这两种薪酬有效性标准之间平衡的结果。

一、实验概述

以选定的组织为背景，由实验小组为组织设计符合组织文化、战略等要素的薪酬结构。通过本实验，学生将掌握组织薪酬结构设计的思路、方法和基本流程，学会制作薪酬等级表。

本次实验以小组为单位，每组 4~6 人，约需 4 个学时。实验中需要用到电脑、网络。

二、实验材料

材料一：同任务一的实验材料。

材料二：基于任务一的实验结果（职位评价结果）和任务二的实验结果（市场薪酬调查结果）制定的薪酬政策线。薪酬政策线的制定技术如下：

实验小组将典型职位的职位评价分数作为自变量，将典型职位对应的外部市场薪酬调查数据的平均值（或中值）作为因变量，经线性回归可得到市场薪酬线。据此方法，实验小组可同时绘制 25% 分位、75% 分位的市场薪酬线。在数据较多的情况，还可以将分位线作成分段折线的形式，能够反映出更多薪酬差异性方面的信息。实验小组按照组织既定的薪酬策略（领先、追随、拖后还是混合）对市场薪酬线进行调整后，即可形成组织的薪酬政策线。薪酬政策线为没有参与市场薪酬调查的职位确定其薪酬提供了依据，是指导组织设计薪酬体系的重要工具。

三、实验流程

一个完整的薪酬结构需要确定三项重要内容：一是薪酬等级（薪等）的数量；二是同

一薪酬等级内部的薪酬变动范围；三是两个相邻薪酬等级之间的交叉与重叠关系。

在很多薪酬结构的设计中，薪等的数量等同于职位等级的数量，本次实验亦采用这种做法。薪等数量确定以后，根据薪酬政策线，综合考虑组织的薪酬策略，即可确定各薪等的薪酬中位值。由此可进一步确定各薪等的增长率、变动范围及相互间的重叠关系。薪酬结构的设计流程如图7-1所示。

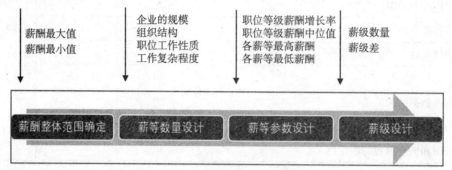

图7-1 薪酬结构的设计流程

（一）步骤一：确定薪酬整体范围

实验小组需要根据组织的实际情况，特别是历史薪酬水平，结合市场薪酬调查的数据，为组织的薪酬体系确定一个最高值和最低值，即确定一个薪酬的整体范围。在此过程中，需要全面考虑行业和地区的人力资源供求状况，特别是需要判断组织之后几年内的薪酬水平发展趋势，以保证未来几年人员的薪酬水平不会超出这个范围，设计出来的薪酬体系在未来几年内都适用。

（二）步骤二：确定薪酬等级数量

实验小组可将薪等的数量等同于职位等级的数量。当然，实践中可根据当前的组织规模、组织层级、层级间的差别、组织的薪酬策略和人员薪酬差异等，对职位等级进行一些适当的调整后形成薪等。例如，组织规模小，或者是某几类职位的薪酬差异不希望过大，则可对职位等级进行进一步的合并，以使薪等的数量较少。在这一步的设计中应当重点考虑的参数有不同薪等的中值级差及相邻薪等间的叠幅。这两项参数主要受制于组织的薪酬策略，即组织是否有更多的职务晋升机会，是否鼓励员工多渠道晋升（不仅仅是依靠职务晋升）。对这两项参数的思考会对薪等数量的设计有重要影响。

（三）步骤三：薪等的参数设计

薪等的重要参数包括薪等的中位值、薪等的变动比率、薪等的最大值和最小值、两相邻薪等的薪酬增长率。

（1）薪等数量确定以后，可以根据薪酬政策线来确定各薪等的中位值。具体操作方法是计算各薪等内部典型职位的职位评价点数的平均值，该平均值在薪酬政策线上对应的薪酬数值即为该薪等的中位值。

（2）实验小组还需要确定每一薪等的薪酬变动比率。在中位值已经明确的情况下，薪酬的变动比率决定着薪等的变动范围。薪酬变动比率通常取决于薪等内部职位所需的技能水平，职位所需的知识越复杂，技能水平越高，学习难度越大，该薪等的薪酬变动比率就越大。

需要注意的是，设计薪酬变动比率的时候应当充分考虑给薪等内的职位留出晋升空间，以满足未来几年内薪酬调整的需要。

（3）实验小组需要基于已经确定的薪等的中位值和薪酬变动比率，确定薪等的最大值和最小值。

$$薪等最小值 = 薪等中位值 \div （1 + 薪酬变动比率 \div 2）$$

$$薪等最大值 = 薪等中位值 \div （1 + 薪酬变动比率 \div 2） \times （1 + 薪酬变动比率）$$

薪等变动范围确定以后，每一薪等内部又可以设定若干薪级。薪级差通常采用等比或等差的方式设定。常见的等比级差为5%~10%，等差设计时可以将薪等划分为5~10级。

（四）步骤四：薪级设计

薪等变动范围确定以后，每一薪等内部又可以设定若干薪级。薪级差通常采用等比或等差的方式设定，常见的频率等比级差为5%~10%，等差设计时可以将薪等划分为5~10级，晋级的依据则可以是固定的时间或者是一个规定的绩效水平的提升。

最后，依据以上四个步骤的设计结果即可以画出组织的薪酬结构图，并自行选用恰当的表格模板，制作完成组织的薪酬等级表。薪酬等级表举例如表7-9所示。

表7-9 薪酬等级表举例

序号	职等	职位名称	基本薪酬等级		薪酬范围/元
			薪等	薪级	
1	高管层	总经理	八	11	12 100~13 900
2		…	…	…	…
3	部门经理层	财务审计一部/二部经理	六	11	7 000~8 900
4		质量监审部经理	六	7	5 700~7 300
5		工程造价一部/二部经理 造价复核部经理	六	3	4 700~6 000
6		财务部经理	六	2	4 500~5 700
7		人力资源部经理	六	1	4 300~5 500
8	部门副经理层	经营开发部副总经理	五	12	6 300~8 100
9		财务审计部经理			
10		高级项目部经理（财务）	五	11	6 000~7 700
11		工程造价部副经理	五	4	4 300~5 500
12		高级项目经理（造价）	五	3	4 100~5 200
…	专员级（财务审计职位、工程造价职位）	…	…	…	…

续表

序号	职等	职位名称	基本薪酬等级		薪酬范围/元
			薪等	薪级	
35	专员级 （基层管理职位）	会计	二	12	2 530 ~ 3 740
36		党务专员 人事专员 行政专员	二	11	2 410 ~ 3 560
37		出纳	二	6	1 890 ~ 2 790
38	员级	司机	一	12	1 860 ~ 2 890
39		资料打印员	一	11	1 690 ~ 2 710
40		前台	一	9	1 500 ~ 2 480

四、实验考核

实验指导教师需要对每一个实验小组在三个方面进行考核：一是对实验完成的及时性进行考核；二是对实验中五个步骤的过程合理性、结果正确性进行考核；三是对薪酬结构设计方案与组织文化、战略、经营状况等要素的符合度进行考核。设计薪酬结构实验考核表如表7-10所示。

表 7-10 设计薪酬结构实验考核表

	实验 进度	步骤一	步骤二	步骤三	步骤四	步骤五	方案与组织 要素的符合度
单项满分	5	20	10	20	10	20	15
单项得分							
任务得分							

任务四：基于绩效和相对薪酬水平的绩效加薪

绩效薪酬是指员工的薪酬随着个人、团队或者组织整体绩效的变化而变化的薪酬制度。绩效薪酬的形式多样，绩效加薪是针对个人进行的短期奖励方案中较常见的一种。

绩效加薪是根据员工当年的绩效考核结果对其来年的基本薪酬进行调整，且这一加薪会累积在员工的基本薪酬中的做法。也有些组织在执行绩效加薪方案时，为了避免累积效应而采用变通的一次性加薪，即绩效加薪只在来年有效，不累积至第三年。

一、实验概述

由指导教师给定实验背景和材料，学生按照绩效加薪的步骤进行操作，制作绩效加薪矩阵1~4。通过实验，学生将掌握中等难度的绩效加薪流程和技术。

本次实验以个人为单位，约需 2 个学时。实验中需要用到计算器。

二、实验材料

假设组织对加薪的预算为基本薪酬总额的 8%，基本薪酬总额是 2 000 万，则绩效加薪的预算是 160 万。其他材料在实验步骤中逐步给出。

三、实验流程

仅仅根据绩效考核的结果进行绩效加薪可能会存在破坏内部一致性的问题，因为即使加薪幅度相同，基本薪酬水平高的员工所得的绝对加薪会更多。这虽有一定的合理性，但会导致组织内部薪酬差距不断加大。为了避免这一后果，可以在绩效加薪时，综合考虑绩效考核结果和相对薪酬水平两个变量。例如，组织的平均加薪幅度为 10%，对绩效等级为优秀的员工，如果其薪酬水平在薪酬等级内较低，薪酬区间渗透度<25% 的话，则可以给其增加 15% 的基本薪酬；但是，如果其薪酬区间渗透度处于 50% 的水平，则只能增加 10% 的基本薪酬；如果其薪酬区间渗透度已经处于 75% 的水平了，则其绩效加薪的比例会降至 6%，甚至更低。这一绩效加薪的思路在步骤五中实现。

（一）步骤一：确定组织的绩效加薪总预算和部门绩效加薪额

由实验材料可知，组织对加薪的预算为基本薪酬总额的 8%。

各部门统计本部门的基本薪酬总额。以物流管理部门为例，该部门的月基本薪酬总额为 200 000 元，按照 8% 的绩效加薪比例，该部门的绩效加薪预算额为 200 000×8%＝16 000 元。

（二）步骤二：汇总员工绩效考核的结果，统计分布在各绩效等级中的员工百分比

实验材料：绩效考核等级的员工分布比例为优秀 20%（A 等）、良好 40%（B 等）、合格 30%（C 等）、不合格 10%（D 等）。不同绩效考核等级下的员工分布百分比如表 7-11 所示。

表 7-11　不同绩效考核等级的员工分布百分比

绩效考核等级	优秀（A 等）	良好（B 等）	合格（C 等）	不合格（D 等）
员工分布比例/%	20	40	30	10

（三）步骤三：统计薪酬区间渗透度在不同范围中的员工百分比

实验材料：薪酬区间渗透度处于第四个四分位中的员工的百分比为 15%，处于第三个四分位中的员工的百分比为 40%，处于第二个四分位中的员工的百分比为 25%，处于第一个四分位中的员工的百分比为 20%。不同薪酬区间渗透度范围的员工分布百分比如表 7-12 所示。

薪酬区间渗透度 $\sigma = [（目前薪酬-薪级等级下限）\div（薪级等级上限-薪级等级下限）] \times 100\%$

表 7-12　不同薪酬区间渗透度范围的员工分布百分比

薪酬区间渗透度 σ	第四个四分位 $\sigma > 75\%$	第三个四分位 $50\% < \sigma \leq 75\%$	第二个四分位 $25\% < \sigma \leq 50\%$	第一个四分位 $\sigma \leq 25\%$
员工分布比例/%	15	40	25	20

(四) 步骤四：以绩效评价等级和相对薪酬水平为变量，构建绩效加薪矩阵 1

绩效加薪矩阵 1（样表）如表 7-13 所示。将不同绩效等级中的员工分布比例乘以不同薪酬区间渗透度范围中的员工分布比例，从而确定绩效矩阵表 1 中 A1—D4 单元格中的员工分布比例。绩效矩阵图 1 中所有 A1—D4 单元格中的百分数相加后总和应等于 100%。

（A1=3% 的意思是，组织中有 3% 的员工的绩效等级为 A 等且薪酬区间渗透度处于第四个四分位中；B1=6% 的意思是，组织中有 6% 的人员的绩效等级为 B 等且薪酬区间渗透度处于第四个四分位中；其他同理。）

表 7-13　绩效加薪矩阵 1（样表）

绩效等级	员工分布比例 /%	薪酬区间渗透度			
		>76%	51%~75%	26%~50%	<25%
		四分位	三分位	二分位	一分位
		15%	40%	25%	20%
A	20	3.0%（A1）	8.0%（A2）	5.0%（A3）	4.0%（A4）
B	40	6.0%（B1）	16.0%（B2）	10.0%（B3）	8.0%（B4）
C	30	4.5%（C1）	12.0%（C2）	7.5%（C3）	6.0%（C4）
D	10	1.5%（D1）	4.0%（D2）	2.5%（D3）	2.0%（D4）

(五) 步骤五：按照组织既定的绩效加薪思路设计绩效加薪矩阵 2（样表如表 7-14 所示）

为了避免绩效加薪破坏组织薪酬结构的内部一致性，实验流程中阐述了解决问题的思路：第一，对于相对薪酬水平范围一致的员工，绩效考核等级越高，奖励力度越大，即基本薪酬的增幅越大；第二，对于绩效考核等级相同的员工，相对薪酬水平越高，则奖励力度越小，即基本薪酬的增幅放缓。按照这一绩效加薪的思路，由学生自行为绩效加薪矩阵 1 中 A1~D4 的每一单元格设定绩效加薪比率，得到绩效加薪矩阵 2。如处于 C1 方格中的是绩效考核等级为 C 等且薪酬区间渗透度处于四分位的员工，其绩效加薪比率为 $1X$；处于 C2 方格中的员工绩效加薪比率为 $1.2X$，其他同理；绩效等级为 D 的不予绩效加薪。

绩效加薪矩阵 2 中的 X 可以理解为包含在加薪系数中的基础的、标准的一个部分，X 前的系数则是组织按照加薪思路，给予不同绩效等级和不同薪酬区间渗透度下的员工的奖励倍数。

表 7-14　绩效加薪矩阵 2

绩效等级	员工分布比例 /%	薪酬区间渗透度			
		>76%	51%~75%	26%~50%	<25%
		四分位	三分位	二分位	一分位
		15%	40%	25%	20%
A	20	$1.8X$	$2.0X$	$2.3X$	$2.6X$
B	40	$1.4X$	$1.6X$	$1.8X$	$2.0X$
C	30	$1.0X$	$1.2X$	$1.4X$	$1.6X$
D	10	0	0	0	0

(六)步骤六:计算得出绩效加薪酬矩阵3(样表如表7-15所示)

将绩效加薪矩阵1中A1~D4每一单元格中的员工分布比例乘以绩效加薪矩阵2中相应单元格中的绩效加薪比率,就得到绩效加薪矩阵3。如图7-4中A1单元格:$3\% \times 1.8X = 0.054X$。

(七)步骤七:计算得出绩效加薪矩阵4(样表如表7-16所示)

将绩效加薪矩阵3中所有单元格中的数据相加,总和为8%(组织的绩效加薪预算),从而计算出X的值,即$1.503X = 0.08$,$X = 0.053227$。将X的值代入绩效加薪矩阵2中,计算得出不同绩效等级和相对薪酬水平下员工的基本薪酬调整百分比,得到绩效加薪矩阵4。

表7-15 绩效加薪矩阵3

绩效等级	员工分布比例/%	薪酬区间渗透度			
		>76%	51%~75%	26%~50%	<25%
		四分位	三分位	二分位	一分位
		15%	40%	25%	20%
A	20	$0.054X$	$0.16X$	$0.115X$	$0.104X$
B	40	$0.084X$	$0.256X$	$0.180X$	$0.160X$
C	30	$0.045X$	$0.144X$	$0.105X$	$0.096X$
D	10	0	0	0	0

表7-16 绩效加薪矩阵4

绩效等级	员工分布比例/%	薪酬区间渗透度			
		>76%	51%~75%	26%~50%	<25%
		四分位	三分位	二分位	一分位
		15%	40%	25%	20%
A	20	10%	11%	12%	14%
B	40	7%	9%	10%	11%
C	30	5%	6%	7%	9%
D	10	0	0	0	0

(八)步骤八:运用绩效加薪矩阵4进行绩效加薪

为保证总加薪成本是160万,各部门的实际绩效加薪额要与预算保持一致。因此,各部门在内部分配时可能需要在计算得出的员工绩效加薪额基础上进行一些微调,以保证员工的实际加薪额之和与部门预算一致。

以物流管理部门为例。该部门的月基本薪酬总额为200 000元,绩效加薪预算额为16 000元。也就是说,该部门中除了绩效等级为D等的员工外,其他人员共同分享16 000元的预算。该部门运用绩效加薪矩阵4进行绩效加薪运算,并对运算结果进行微调以保证与部门预算一致。物流管理部绩效加薪汇总(节选)如表7-17所示。

表7-17　物流管理部绩效加薪汇总（节选）

姓名	职等	职称	相对薪酬水平	基本薪酬/元	考绩等级	建议加薪幅度/%	建议加薪金额/元	实际加薪金额/元	实际加薪比例/%
周某	4	经理	三分位	12 200	B	9.0	1 098	1 000	8.2
谢某	6	主任	四分位	8 000	A	9.0	720	720	9.0
杨某	6	主任	二分位	8 200	B	11.0	902	900	11.0
沈某	7	专员	四分位	4 900	B	7.0	343	330	6.7
刘某	7	专员	三分位	4 200	C	6.0	252	250	6.0
赵某	8	专员	四分位	4 400	C	5.0	220	220	5.0
李某	8	专员	二分位	3 900	A	13.0	507	500	12.8

四、实验考核

在本项实验任务中，学生需要按照指导教师给定的材料完成绩效加薪矩阵1~4的计算或设计，实验考核表可设计如表7-18所示的表格。

表7-18　基于绩效和相对薪酬水平的绩效加薪实验考核

考核步骤	考核指标	指标分	单项得分	任务得分
步骤四：绩效加薪矩阵1	表格适用	10		
	数据准确	15		
步骤五：绩效加薪矩阵2	表格适用	10		
	系数设置符合规律	15		
步骤六：绩效加薪矩阵3	表格适用	10		
	数据准确	15		
步骤七：绩效加薪矩阵4	表格适用	10		
	数据准确	15		

第八章

劳动关系管理

劳动关系由英文 labor relations 翻译而来，指劳动者与用人单位（包括企业、事业单位、国家机关、社会团体、雇主等）之间在劳动过程中建立的社会经济关系。劳动关系管理贯穿了员工从进入企业到离开企业的整个过程。

本章任务一至四主要围绕劳动合同的订立、履行、变更、解除、终止和续订的流程进行实际操作，帮助学生熟悉如何从劳动合同的角度管理劳动关系；任务五通过模拟劳动争议仲裁，使学生掌握劳动争议处理的原则和方法。

任务一：劳动合同订立流程

一、实验概述

本项实验中，由学生选定一家组织并查找相关资料，找寻典型职位。针对选中的职位起草劳动合同，开始劳动关系管理流程。

通过本实验，使学生掌握起草普通劳动合同的一般技能和思路。通过学习起草劳动合同，使学生了解各项条款的合理性及关联的法律法规，熟悉加强企业人力资源管理各项工作的要点。

本次实验以小组为单位，每组 4~6 人，约需 4 个学时。实验中需要用到电脑、网络及投影设备。

二、实验材料

符合《劳动合同法》规定的基本条款的劳动合同基本框架。

三、实验流程

（一）步骤一：组建团队

将全班学生按照 4~6 人的规模分成若干组，每组任命一位组长。各小组提前熟悉相关的劳动法律法规，阅读多份不同类型的劳动合同，熟悉提供的劳动合同框架。

（二）步骤二：布置任务

教师于实验前一周在课堂上向学生详细说明实验的目的、基本要求、成果形式、考核方式及成绩评定细则。

（三）步骤三：各组选择目标用人单位，并了解用人单位情况

用人单位举例如下。

中国明阳风电集团有限公司，美国纽约交易所主板上市公司（2010 年 10 月 1 日上市，股票代码：MY），中国风电行业三大上市公司之一，行业排名国内前三位、全球前六位。公司成立于 2006 年，从 3 000 万元创业资本起家，发展为产值、市值、投资规模均超百亿的国际公众公司。现有员工 5 000 人，其中科研技术团队 1 000 余人，建有国家级博士后工作站、国家级企业技术中心和风电研究院，先后承担了众多国家和广东省重大科技攻关项目；建成欧洲丹麦研发中心、美国北卡研发中心、上海海上工程研发中心；形成了以广东中山为集团总部，天津、吉林、内蒙古、江苏、甘肃、云南、青海等覆盖全国的产业制造和服务基地。公司以清洁能源开发利用为己任，致力于兆瓦级风机及其产业链核心部件的开发设计、产品制造和运维服务，以定制化的产品提供、"两高一低（高发电量、高可靠性、低度电成本）"的技术优势、创新性的商业运作模式（融资租赁、EPC、BOT 等整体解决方案）为客户创造价值。目前已开发抗台风型、抗低温型、高原型、潮间带型、低风速型及海上型等适合各类风况的 1.5 MW~6.5 MW 系列风机产品，首创推出全球领先的 SCD（超紧凑型）双叶片半直驱型陆上及近海风机系列。同时，超大型海上 8~12 MW 风机正在研发中，已形成"生产一代、储备一代、研发一代"的产品研发体系。

（资料来源：改编自明阳电器有限公司官网）

（四）步骤四：各组选择目标职位，并了解职位状况

可选择的目标职位包括大数据开发工程师、绩效考核经理、机修工等。

（五）步骤五：各组讨论分析相关信息并逐项起草、细化劳动合同框架

该劳动合同应当包含的条款有：用人单位与劳动者信息；劳动合同期限；工作内容和工作地点；工作时间和休息休假；劳动报酬；社会保险及福利待遇；劳动纪律；合同法的变更、解除及终止；劳动保护、劳动条件和职业危害防护；违约及赔偿责任；法律、法规规定应当纳入劳动合同的其他事项等。完成劳动合同初稿后，仔细检查劳动合同整体的一致性和语言的准确性、规范性，查找与各项条款匹配的法规，保证劳动合同的合法性及合理性。

四、实验考核

各小组考查项目共有 5 项，由实验教师及各组代表按评价项目进行打分并将评价理由填至如表 8-1 所示的表格内。

表 8-1 劳动合同订立流程实验考核

小组	实验材料的完整性	实验进度	劳动合同的合法性	劳动合同内容合理性与实用性	劳动合同的完整程度	参加实训的态度及纪律	得分
	20	10	20	20	20	10	

任务二：劳动合同变更流程

一、实验概述

本项实验由学生阅读相关材料，进行案例分析，针对选中的职位进行变更劳动合同流程实验。

通过实验，使学生掌握变更劳动合同的一般技能和思路。通过学习拟定变更劳动合同协议书及办理劳动合同变更的相关手续，使学生掌握劳动合同变更的程序，熟悉各项关联法律法规。

本次实验以小组为单位，每组 4~6 人，约需 4 个学时。实验中需要用到电脑、网络及投影设备。

二、实验材料

(一) 劳动合同变更的条件

(1) 双方当事人协商一致，可以变更劳动合同。
(2) 订立劳动合同时，所依据的法律法规发生了重大变化，应当依法变更劳动合同。
(3) 订立劳动合同时所依据的客观情况发生重大变化，致使原合同无法履行。
(4) 劳动者患病或非因公负伤，不能从事原工作的，用人单位应帮其安排适当的工作岗位。
(5) 劳动者不能胜任工作，用人单位有权单方面调整其工作岗位。

(二) 劳动合同变更的程序

(1) 提出变更的意向：说明变更合同的理由、变更的内容及变更条件，请求对方在一定时间内给予答复。
(2) 承诺：合同另一方接到对方的变更请求后，应该及时答复，明确告知对方同意或是不同意变更。
(3) 订立书面变更协议：当事人双方就变更劳动合同的内容经过平等协商，取得一致意见后签订书面变更协议，协议载明变更的具体内容，经双方签字盖章后生效。

三、实验流程

（一）步骤一：组建团队

将全班学生按照4~6人的规模分成若干个组，每组任命一位组长。各小组提前熟悉相关的劳动法律法规，阅读多份不同类型的劳动合同，熟悉提供的劳动合同框架。

（二）步骤二：布置任务

教师于实验前一周在课堂上向学生详细说明实验的目的、基本要求、成果形式、考核方式及成绩评定细则，然后向学生发放相关案例材料，详细说明变更劳动合同需要办理的手续。

案例举例如下：

李某是一家商场家电组的售货员，由于专业家电卖场大量出现，该商场家电组的营业额大幅度下滑，于是管理层决定撤销家电组，对原家电组售货员的工作岗位予以调整。经研究决定，将李某调整到体育用品组。

（三）步骤三：组织实施

各组学生根据背景材料制作一份劳动合同变更通知书和劳动合同变更协议。

（四）步骤四：各组学生根据存在的问题提出解决建议，并完成实验报告

相关表单样本如表8-2、表8-3所示。

表8-2　变更劳动合同通知书（样本）

变更劳动合同通知书

_____：

　　我们双方于___年___月___日签订的劳动合同，因_____等原因，现根据《××市劳动合同管理规定》的规定，拟对原劳动合同的第_____条第_____款第___项的内容做如下变更：

_____

劳动合同的其他内容不变。

是否同意变更，请于十五日内做出书面答复；逾期不答复的，视为同意变更劳动合同。

　　　　　　　　　　　　　　　　　　　　　　　　　　　通知方（签名或盖章）

　　　　　　　　　　　　　　　　　　　　　　　　　　　　　年　　月　　日

续表

签 收 回 执

本人（单位）已收到单位（职工）于＿＿年＿＿月＿＿日发出的《变更劳动合同通知书》。

被通知方（签名或盖章）
年　月　日

表 8-3　劳动合同变更协议（样本）

回复单
劳动合同变更协议

甲方（用人单位）：

乙方（员工）：

身份证号码：

经双方平等、友好协商，同意变更甲、乙双方于＿＿年＿＿月＿＿日签订的劳动合同中的部分内容。本协议作为劳动合同的附录，具有法律效力。

具体变更内容如下：

1. 第＿＿条＿＿项变更为：

2. 第＿＿条＿＿项变更为：

甲、乙双方已对变更事宜的具体条款达成一致。本协议一式两份，双方各执一份，经双方签字盖章后生效。

甲方（盖章）：　　　　　　　　　　　乙方（签字）：

授权代表：

时间：　年　月　日　　　　　　　　　时间：　年　月　日

四、实验考核

各小组考查项目共有 5 项，由实验教师及各组代表按评价项目进行打分并将评价理由填至如表 8-4 所示的表格内。

表 8-4 劳动合同变更流程实验考核

小组	实验材料的完整性	实验进度	变更劳动合同各个环节操作要点的合法性	变更劳动合同各个环节操作要点的合理性	变更劳动合同各个环节所需表单的有效性	参加实验的态度及纪律	得分
	20	10	20	20	20	10	

任务三：劳动合同解除流程

一、实验概述

阅读相关材料，进行案例分析，进行解除劳动合同的流程操作。

通过实验，使学生熟悉解除劳动合同的条件和程序，掌握办理各种情况下解除劳动合同的手续，熟悉劳动合同解除的原则。

本次实验以小组为单位，每组 4~6 人，约需 4 个学时。实验中需要用到电脑、网络及投影设备。

二、实验材料

为使实验流程更加顺畅，学生须在课前仔细阅读以下材料：

（一）材料 A：双方协商一致解除劳动合同手续的办理

1. 操作程序

（1）提出或接受协商动议。

1）如果用人单位部门希望与员工协商解除劳动合同，应提交给人力资源部逐级审核，在确认应该或可以协商解除该劳动合同后，由人力资源部向该员工提出协商解除的动议。在提议协商前，应当制定具体的协商方案，其中关于补偿的问题应该准备至少两个备选方案。

2）如果员工提出协商解除动议的，用人单位可以要求其提交协商解除申请书，然后才启动内部审核。人力资源部同用人部门就是否协商、协商方案进行审核和确定。同意协商的，动议进入协商阶段；不同意协商的，协商流程终止，双方应当继续履行劳动合同或者通过其他途径解决。

（2）进行协商。

协商前应进行充分的调查和准备，制作协商方案。在协商中应当注意技巧，就企业提出解除动议的情况而言，为促进员工与企业达成一致意见，可以在离职交接、薪资结算、经济补偿方案上给予员工更多的利益。

（3）签订解除协议。

双方协商一致解除劳动合同的，应签订书面的解除劳动合同的协议。在劳动合同解除协议中应该注意：如果是员工提出协商解除动议的，要进行明确，因为这直接决定了企业是否有支付经济补偿的义务。协商未能达成一致的，劳动合同应该继续履行。劳动合同解除协议中应对劳动合同解除时间、经济补偿金的支付等问题进行明确。

（4）进入离职流程。

双方签订劳动合同解除协议之后，就进入离职流程。员工应在约定的劳动合同解除日期之前进行工作交接，单位应该为员工办理离职手续，以及结算补偿金、劳动报酬，并出具解除劳动合同的证明。

2. 相关表单

解除劳动合同通知书的样本如表8-5所示。

表8-5 解除劳动合同通知书（样本）

解除劳动合同通知书

_____：

我们双方于年____月____日签订的劳动合同，因_____而无法继续履行，现根据《劳动法》和《劳动合同法》的规定，决定从____年____月____日起与你解除劳动合同，并根据规定发给你经济补偿金____元。请你于____年____月____日前到____部门办理解除劳动合同手续。

特此通知！

单位（签名或盖章）

年　　月　　日

签收回执

本人已收到_____单位于____年____月____日发出的解除劳动合同通知书。

被通知方（签名或盖章）：

年　　月　　日

（二）材料B：劳动者有过错，用人单位单方面解除劳动合同操作

1. 劳动者在试用期间被证明不符合录用条件的劳动合同解除操作

试用期内用人单位以"不符合录用条件"为由辞退劳动者，要注意以下几个方面。

（1）首先，公司必须在招聘时对录用条件做出具体明确的规定。对录用条件一定要明确化、具体化，说明岗位的具体要求，不能仅仅说符合岗位要求，而应该把岗位要求是什么、怎么衡量是否符合岗位要求固定下来，切忌大概或抽象化描述。具体来讲，根据企业的实际用工条件及相关的法律规定，可以作为录用条件的应该是共性和个性特点录用条件。所谓共性，即大部分企业所要求的员工应该具备的基本条件，比如：关于员工的学历、资质、经历等能力因素；关于员工勤奋工作、守法守纪、诚实守信等主观态度因素；关于员工有无特殊疾病等身体因素；关于员工是否存在兼职或是否与原单位解除劳动合同等因素。

每个企业对新进员工的每个岗位或者职位描述的特殊要求则属于个性的录用条件。有的有学历要求，要求获得相应证书；有的有技术要求，比如能符合企业招聘时对岗位职责的描述等。

（2）新进员工对用人单位的录用条件具有知情权。企业在与员工订立劳动合同前，应使员工对用人单位的管理制度、劳动条件等关键信息有充分的了解。具体说来，企业要对录用条件进行公示，向新员工发放录用条件文件，并由员工签字，也可以通过招聘广告发布录用条件并保留相应证据。另外可以在录用制度中规定告知条款，详细列明告知义务的具体执行人、告知的时间等。其中，建议告知的时间放在签订劳动合同的同时，并且要有员工签字的知晓并表示遵守执行的说明书。

（3）要及时对新进员工的表现给予考核。建议用人单位要有一套完备的考核制度，且各项考核制度要细化，由哪个部门进行考核、在什么时间进行考核、如何进行考核，都要有明确的规定。在试用期快结束时要及时出具考核结果。

（4）试用期内，用人单位要根据考核结果及公司对新进员工的岗位要求，对试用期员工得出相应的处理结果，比如符合公司的要求，试用期结束留任，或不符合公司的考核要求，解除劳动合同。应注意的是，用人单位要在约定的试用期内进行处理，如过了试用期限进行处理，容易引起纠纷，用人单位就存在很大的法律风险。

另外要注意的是，如果用人单位认为新进员工不符合录用条件，一定要保留好相关的录用考核记录，因为法律规定的是要有证据证明。

2. 严重违反用人单位规章制度的劳动合同解除操作

（1）条件把握。

1）企业要有合法、完善的规章制度，规章制度的内容和制定程序必须符合法律法规的规定。企业制定规则要经职工代表大会或者全体职工讨论，提出方案和意见，与工会或者职工代表平等协商确定，并经过公示或告知劳动者，才具备相应的法律效力。

2）员工违反规章制度的行为应该是客观存在的，并且是能够证明的。

3）规章要有可操作性、量化、明确。对"严重"应做出界定，例如，规定"员工一个月内连续迟到3次，一个季度累计迟到10次视为严重违反企业规章制度"就是明确的、可操作的；如果规定"员工连续多次迟到或多次旷工的视为严重违反规章制度"就不明确、无可操作性，易引发争议。

4）应当注意规定的合理性问题，即不能出现明显不合理的规定。至于什么样的规定才算合理，主要还是根据企业的行业特点、工作场所、岗位性质来判断。例如，石油公司规定加油站的员工吸烟属于严重违反规章制度是合理的，如果规定石油公司本部的管理人员吸烟属于严重违反规章制度就过于苛刻，是不合理的。明显不合理的规定在产生争议时也得不到仲裁庭或法院的支持。

（2）操作程序。

1）发现职工违反规章制度的事实，保留证据。

2）研究违纪行为是否构成单位的严重违纪标准。

3）用人单位将解除劳动合同的事实与理由通知工会，征求工会的意见。

4）工会提出意见。

5）用人单位研究工会的意见，得出处理意见，并将处理结果书面通知工会。

6）用人单位将解除劳动合同通知书送达劳动者，为其出具解除劳动合同的证明，并在15日内为劳动者办理档案和社会保险关系转移手续。

3. 劳动者严重失职给单位造成重大损失时劳动合同的解除

（1）解除条件。

1）劳动者有严重失职或营私舞弊的行为之一。

2）给单位造成了重大损失。企业应该在规章制度中对"重大损失"进行界定，如发生劳动争议，可以通过劳动争议仲裁委员会对其规章制度规定的重大损失进行认定。

（2）解除的程序。

1）发现员工有严重失职或营私舞弊的行为。

2）确认是否造成"严重"后果，并保留相关的证据。

3）用人单位将解除劳动合同的事实与理由通知工会，征求工会的意见。

4）工会提出意见。

5）用人单位研究工会的意见，得出处理意见，并将处理结果书面通知工会。

6）用人单位将解除劳动合同通知书送达劳动者，为其出具解除劳动合同的证明，并在15日内为劳动者办理档案和社会保险关系转移手续。

4. 劳动者同时与其他用人单位建立劳动关系，对完成本单位的工作任务造成严重影响，或者经用人单位提出，拒不改正时劳动合同的解除

（1）解除的条件。

1）劳动者同时与其他用人单位建立劳动关系，对完成本单位的工作造成严重影响。但是必须由用人单位对造成的影响承担举证责任，否则将面临举证不利的后果。

2）劳动者同时与其他用人单位建立劳动关系，经用人单位提出，拒不改正。

（2）解除的程序。

1）发现员工与其他单位建立劳动关系。

2）对其提出警示，要求其与相关单位解除劳动关系。

3）给其改正时间，仍不改正。

4）用人单位将解除劳动合同的事实和理由通知工会并征求意见。

5）工会提出意见。

6）用人单位研究工会的意见，得出处理意见，并将处理结果书面通知工会。

7）用人单位将解除劳动合同通知书送达劳动者，为其出具解除劳动合同的证明，并在15日内为劳动者办理档案和社会保险关系转移手续。

5. 由于劳动者原因致使劳动合同无效时劳动合同的解除

（1）解除条件。

以欺诈、胁迫的手段或者乘人之危，使用人单位在违背真实意思的情况下订立或者变更

劳动合同的，劳动合同无效。

（2）解除的程序。

1）发现员工有相应的欺诈等行为，并保留证据。

2）用人单位将解除劳动合同的事实与理由通知工会，并将处理结果书面通知工会。

3）工会提出意见。

4）用人单位研究工会的意见，得出处理意见，并将处理结果书面通知工会。

5）用人单位将解除劳动合同通知书送达劳动者，为其出具解除劳动合同的证明，并在15日内为劳动者办理档案和社会保险关系转移手续。

6. 劳动者被依法追究刑事责任时劳动合同的解除

（1）解除条件。

劳动者构成犯罪，被依法追究刑事责任。

（2）解除程序。

1）取得劳动者被依法追究刑事责任的证据。

2）用人单位将解除劳动合同的事实与理由通知工会，征求工会的意见。

3）工会提出意见。

4）用人单位研究工会的意见，得出处理意见，并将处理结果书面通知工会。

5）用人单位将解除劳动合同通知书送达劳动者，为其出具解除劳动合同的证明，并在15日内为劳动者办理档案和社会保险关系转移手续。

（三）材料C：用人单位非过错性解除劳动合同操作

有下列情形之一的，用人单位提前30日以书面形式通知劳动者本人或者额外支付劳动者1个月工资后，可以解除劳动合同。

1. **劳动者患病或者非因工负伤，在规定的医疗期满后不能从事原工作，也不能从事由用人单位另行安排的工作的**

解除程序如下：

（1）医疗期满时通知员工来上班，发现员工不能从事原工作。

（2）单位为该员工另行安排工作。

（3）发现员工不能从事另行安排的工作。

（4）将理由通知工会并征求工会的意见。

（5）向员工发出解除劳动合同通知书（提前30天，也可以以支付1个月工资为代价即时发出通知）。

（6）要求员工办理工作交接，单位支付经济补偿金及医疗补助金。

（7）为劳动者出具解除劳动合同的证明，并在15日内为劳动者办理档案和社会保险关系转移手续。

2. **劳动者不能胜任工作，经过培训或者调整工作岗位，仍不能胜任工作的**

解除程序如下：

（1）以绩效考核标准考核后发现员工不能胜任工作。

(2) 用人单位对其进行培训或调整工作岗位。

(3) 再次以绩效考核标准对员工进行考核，发现该员工仍不能胜任工作。

(4) 将理由通知工会并征求工会的意见。

(5) 向员工发出解除劳动合同通知书（提前30天，也可以以支付1个月工资为代价即时发出通知）。

(6) 要求员工办理工作交接，单位支付经济补偿金。

(7) 为劳动者出具解除劳动合同的证明，并在15日内为劳动者办理档案和社会保险关系转移手续。

3. 劳动合同订立时所依据的客观情况发生重大变化，致使劳动合同无法履行，经用人单位与劳动者协商，未能就变更劳动合同内容达成协议的

解除程序如下：

(1) 发现客观情况发生重大变化。

(2) 发现劳动合同无法履行。

(3) 与员工协商变更劳动合同内容，未达成协议。

(4) 将理由通知工会并征求工会的意见。

(5) 向员工发出解除劳动合同通知书（提前30天，也可以以支付1个月工资为代价即时发出通知）。

(6) 要求员工办理工作交接，单位支付经济补偿金。

(7) 为劳动者出具解除劳动合同的证明，并在15日内为劳动者办理档案和社会保险关系转移手续。

（四）材料D：劳动者单方面解除劳动合同

1. 三种情况

(1) 提前通知解除。提前30天通知用人单位要求解除劳动合同（试用期内，提前3天）。

(2) 随时通知解除。用人单位有下列情形之一的，劳动者可以解除劳动合同。

1) 未按照劳动合同约定提供劳动保护或者劳动条件的。

2) 未及时足额支付劳动报酬的。

3) 未依法为劳动者缴纳社会保险费的。

4) 用人单位的规章制度违反法律、法规的规定，损害劳动者权益的。

5) 用人单位以欺诈、胁迫的手段或者乘人之危，使对方在违背真实意思的情况下订立或者变更劳动合同，致使劳动合同无效的。

6) 法律、行政法规规定劳动者可以解除劳动合同的其他情形。

(3) 无须提前通知。用人单位以暴力、威胁或者非法限制人身自由的手段强迫劳动者劳动的，或者用人单位违章指挥、强令冒险作业危及劳动者人身安全的，劳动者可以立即解除劳动合同，不需事先告知用人单位。

2. 劳动者单方面提出解除劳动合同时用人单位的操作流程

（1）发出解除劳动合同确认通知书。

（2）支付补偿金。如果是用人单位的过错，需要支付经济补偿金。

（3）出具解除劳动合同的证明。

（4）在15日内为劳动者办理档案和社会保险关系转移手续。

劳动者单方面提出解除劳动合同的辞职审批单、员工辞退建议及审批报告单、员工离职手续移交表如表8-6至8-8所示。

表8-6　辞职审批单举例

辞职审批单					
姓名		部门		职务	
入职时间		离职日期		部门主管	
部门经理意见					
人力资源部审核			总经理审批		

表8-7　员工辞退建议及审批报告单举例

员工辞退建议及审批报告单					
辞退人员姓名		所在部门		担任职务	
辞退原因（依据）					部门主管： 时间：
人力资源部意见					签字： 时间：
总经理审批					签字： 时间：

第八章 劳动关系管理

表 8-8 员工离职手续移交表举例

员工离职手续移交表					
姓名			部门		
职务			离职时间		
物资移交	经办部门	移交物资		移交情况	经办人签字
	所在部门				
	办公室				
	其他部门				
工作交接	具体内容			移交情况	经办人签字
	注：由于岗位职责不同，工作项目移交内容较多者需附件				
财务结算	借款	罚金	未报销款	备用金	其他款项	合计金额	财务部意见（签字）
薪资结算	出勤情况	奖惩情况	应付奖金	补偿金	补（扣）金额	合计金额	人力资源部意见（签字）
总经理审批	签字： 日期：						
本人确认及同意上述登记内容，离职移交工作及结算手续办理完毕。特此确认。 员工签字： 日期：						

三、实验流程

(一) 步骤一：组建团队

将全班学生按照 4~6 人的规模分成若干组，每组任命一位组长。

(二) 步骤二：布置任务

教师于实训前一周在课堂上向学生详细说明实验的目的、基本要求、成果形式、考核方式及成绩评定细则，然后向学生发放相关案例材料。

(三) 步骤三：学生阅读相关材料，进行案例分析，并进行相关设计

1. 材料 A 示范案例

某咨询公司因项目调整，打算与王某解除劳动关系，双方于 2012 年 12 月 1 日就此进行了谈话，并制作了简单的谈话记录。在记录中有这样的记载：员工提出，劳动关系 2012 年 12 月 31 日解除，经济补偿金 $N+2$，奖金 10 000 元；公司提出，劳动关系 2012 年 12 月 31 日解除，经济补偿金 N。谈话记录另起一行，写明"双方未达成一致，约定 3 天后再协商"。此后公司认为，双方劳动关系已于 2012 年 12 月 31 日解除；而王某认为，双方劳动关系尚未解除，因为双方最后未达成一致意见。但公司并不认可，认为双方已经就劳动合同的解除时间达成一致，仅仅是未对经济补偿达成一致。

具体任务如下：

(1) 请分析，双方劳动关系到底是解除了还是未解除。

(2) 协商解除劳动合同在操作流程上需要注意哪些问题？

(3) 请为公司设计一个完整的协商解除劳动合同的流程，并制作办理相关手续所需要的文书。

2. 材料 B 示范案例

2018 年 11 月，中山市某科技公司员工张某以"家里有急事需要处理"为由向公司请假 20 天（从 2018 年 11 月 1 日至 11 月 20 日），公司予以批准。但其实张某并未回家，而是前往广州某软件公司办理了入职手续，该公司为张某办理了社会保险手续。张某在请假期满之后又回到了原公司。2018 年 12 月，该科技公司职员向中山社保局缴纳员工保险时，发现无法办理张某的缴费事宜，因其社会保险缴纳单位已在 2018 年 11 月变更为广州某软件公司。公司经过调查得知张某于请假期间已入职该公司，社保关系也转移到了该公司。2019 年 1 月 9 日，公司以"张某在职期间加入新的用人单位，建立双重劳动关系"为由书面通知刘某解除劳动合同。张某申请劳动仲裁被驳回，后向法院提出诉讼，双方在法庭主持下进行了调解，公司支付了部分经济补偿金结案。

具体任务如下：

(1) 请对双重劳动关系的法律规定进行总结。

(2) 公司依据双重劳动关系解除劳动者的劳动合同应注意哪些问题？

(3) 请为公司解除张某的劳动合同设计一个方案，并出具相应的文书。

3. 材料 C 示范案例

韩某与某化工厂有无固定期限的劳动合同。两年前他得了胃癌，采用了多种治疗手段，病情仍然没有得到有效控制，化工厂已经花费了几万元医疗费。年底，化工厂决定要与韩某解除劳动合同。

韩某的妻子李某听到这个消息,来到化工厂人力资源部向人力资源经理王某提出疑问:"老韩的合同是无固定期限的,按道理要到退休才终止的,你们现在提前解除合法吗?"

王经理安慰道:"老韩的现状我们很同情,但是化工厂现在生意不好,老韩的医疗期只有9个月,可他现在已经连续病休了两年多,按照政策规定,我们厂完全有权跟他解除劳动合同。我们也按规定向他支付了经济补偿金和相当于6个月工资的医疗补助费。我认为,我们的做法是完全合法的。"

李某又提出:"就算化工厂有权解除劳动合同,但只给6个月工资的医疗补助太少了!"王经理解释道:"关于医疗补助的规定,我们厂是一视同仁的。无论是谁得了什么病,只要是医疗期满后解除劳动合同的,一律按6个月工资发放,谁也不能例外。"李某不满工厂的决定,于是向劳动争议仲裁委员会申请仲裁。

具体任务如下:

（1）双方签订了无固定期限合同,劳动者长期患病,用人单位是否能解除劳动合同?

（2）医疗期满的含义是什么?它是指治疗疾病的期限,还是一个统一的期限?

（3）劳动者患病或非因工负伤,医疗期满后,劳动者的工作岗位如何安排?

（4）如果劳动者不能从事原工作,也不能从事由用人单位另行安排的工作,如何处理?

（5）在劳动者患病还没有得到有效治疗的期间,用人单位就与之解除劳动合同,这种做法是否合法?

（6）如果化工厂真的与韩某解除劳动合同,他通过什么方式才能使自己的疾病继续得到治疗?

（7）治疗期满,对于无固定期限的劳动合同,用人单位能够解除吗?如果能够解除,那还是无固定期限的劳动合同吗?如果不能解除,是否无论发生什么事情都不能解除?

（8）请设计用人单位解除韩某劳动合同的流程。

（9）请出具相应的文书。

4. 材料D 示范案例

王某与广东某电器公司签订了为期5年的劳动合同,担任销售一职,合同期限自2011年4月1日至2016年3月31日。王某称,由于电器公司没有按时向其支付2011年11月和12月的工资,他于2012年1月8日做出了解除劳动合同告知书,该告知书提到该公司未按时向王某支付工资。之后,王某于2012年1月9日将该告知书寄到了电器公司的暂时经营地,收件人为该公司的人员。双方在交涉过程中,王某主张公司应支付拖欠他的两个月工资并支付经济补偿金,被公司拒绝。公司不同意其解除劳动合同,并声称,两个月工资未发是因为他的销售业绩太差。王某向广东省中山市某区仲裁委员会提出仲裁申请,要求公司支付他2011年11月和12月的工资,并支付解除劳动关系的经济补偿金及额外经济补偿金1.5万元。

具体任务如下:

（1）请分析,劳动者主动提出解除劳动合同,单位是否要支付经济补偿金?归纳劳动者提出解除劳动合同,单位需要支付补偿金的情况。

（2）王某提出解除劳动合同但单位不同意,那么单位是否需要为其办理解除劳动合同的手续?如需办理,要办理哪些手续?请列出流程,并出具相应文书。

（四）步骤四：根据存在的问题提出解决建议,并完成实验报告

四、实验考核

各小组考查项目共有 6 项,由实验教师及各组代表按评价项目进行打分并将评价理由填至如表 8-9 所示的表格内。

表 8-9　劳动合同解除流程实验考核

小组	实验材料的完整性	实验进度	解除劳动合同各个环节操作要点的合法性	解除劳动合同各个环节操作要点的合理性	解除劳动合同各个环节所需表单的有效性	参加实验的态度及纪律	得分
	20	10	20	20	20	10	

任务四:劳动合同终止及续订流程

一、实验概述

在了解员工离职流程的基础上,阅读相关材料,进行案例分析,针对选中的职位进行劳动合同终止及续订流程实验。

通过实验,使学生学会办理终止劳动合同的手续;能够拟定终止劳动合同的协议书、通知书;能够拟定劳动合同续订书;学会核算经济补偿金。

本次实验以小组为单位,每组 4~6 人,约需 4 个学时。实验中需要用到电脑、网络及投影设备。

二、实验材料

(一)劳动合同终止的条件

有下列情形之一的,劳动合同终止。

(1) 劳动合同期满的。

(2) 劳动者开始依法享受基本养老保险待遇的。

(3) 劳动者死亡,或者被人民法院宣告死亡或者宣告失踪的。

(4) 用人单位被依法宣告破产的。

(5) 用人单位被吊销营业执照、责令关闭、撤销或者用人单位决定提前解散的。

(6) 法律、行政法规规定的其他情形。

(二)劳动合同续延的情形

合同期满时,有下列情形之一的,用人单位不得依照本法第四十条、第四十一条的规定解除劳动合同,需要延长劳动合同至相应情形消失。

(1) 从事接触职业病危害作业的劳动者未进行离岗前职业健康检查,或者疑似职业病病人在诊断或者医学观察期间的。
(2) 在本单位患职业病或者因工负伤并被确认丧失或者部分丧失劳动能力的。
(3) 患病或者非因工负伤，在规定的医疗期内的。
(4) 女职工在孕期、产期、哺乳期的。
(5) 在本单位连续工作满 15 年，且距法定退休年龄不足 5 年的。
(6) 法律、行政法规规定的其他情形。

(三) 劳动合同终止的程序

(1) 提前书面通知劳动者。用人单位应提前 30 日以书面形式通知劳动者。
(2) 与劳动者办理工作交接，依法支付经济补偿金。
(3) 为劳动者出具终止劳动合同证明。
(4) 办理档案和社会保险关系转移手续。

(四) 续订劳动合同的程序

(1) 发出续订意向书。
(2) 确认续订意向。
(3) 就续订劳动合同的有关事项与劳动者进行协商。双方协商，实际是对原合同条款审核后确定继续实施还是变更部分内容。
(4) 签订劳动合同续订书。

(五) 相关表单

劳动者离职原因调查表如表 8-10 所示。

表 8-10　离职原因调查举例

离职原因调查表					
姓名		部门		职位	
入职时间		离职时间		填写时间	
离职原因					
您对公司现有薪酬福利制度的看法					
您对您所在部门或者公司的整体感受如何					
您对部门、岗位工作的意见及建议					
您对您的主管的意见或建议					
您对公司的建议及意见					
其他想说的话					

三、实验流程

(一) 步骤一：组建团队

将全班学生按照 4~6 人的规模分成若干组，每组任命一位组长。

(二) 步骤二：布置任务

教师于实训前一周在课堂上向学生详细说明实验的目的、基本要求、成果形式、考核方式及成绩评定细则，然后向学生发放相关案例材料，要求学生提前熟悉相关法律法规及操作流程。

(三) 步骤三：以本章任务一拟定的劳动合同为例，结合如下案例，完成操作

1. 任务四/A 示范案例

某软件开发公司有 8 名职工将于 1 个月后到期，有 2 人将被终止劳动合同，有 6 人将续订劳动合同，有 2 名女职工正处于哺乳期。请你分别为他们办理劳动关系的相关手续，核算经济补偿金并出具相应的文书。

2. 任务四/B 示范案例

某软件开发公司销售部门的副总张某，自 2005 年 1 月起在公司工作。2019 年，该公司进行组织架构的调整，张某所从事的岗位将被撤销，在双方调整岗位不能达成一致意见的情形下，公司依法单方面解除了与张某签订的劳动合同。解除劳动合同前张某月薪 3 万元左右，而中山市上年度平均工资的 3 倍为 1.5 万元。请为张某核算经济补偿金。

四、实验考核

各小组考查项目共有 6 项，由实验教师及各组代表按评价项目进行打分并将评价理由填至如表 8-11 所示的表格内。

表 8-11 劳动合同终止及续订流程实验考核

小组	实验材料的完整性	实验进度	终止劳动合同各个环节操作要点的合法性	终止劳动合同各个环节操作要点的合理性	终止劳动合同各个环节所需表单的有效性	参加实验的态度及纪律	得分
	20	10	20	20	20	10	

任务五：模拟劳动仲裁

一、实验概述

阅读相关材料，进行案例分析，针对具体劳动争议进行模拟劳动仲裁实验。

通过实验，使学生能够收集、了解与劳动争议仲裁案件相关的资料；能够代表用人单位

参与劳动仲裁活动；会撰写劳动仲裁申请书、答辩书等各种文书。

本次实验以小组为单位，每组4~6人，约需4个学时。实验中需要用到电脑和特定观察室。房间中一面墙上装有单向透光玻璃镜子，从被试者的方向看去，它是一面不透光的幕墙。室内安装视频监视系统。教师及其他同学可以透过玻璃或通过监视系统在电脑屏幕上观察模拟学生的表现。

二、实验材料

劳动仲裁案件处理流程一般如图8-1所示。

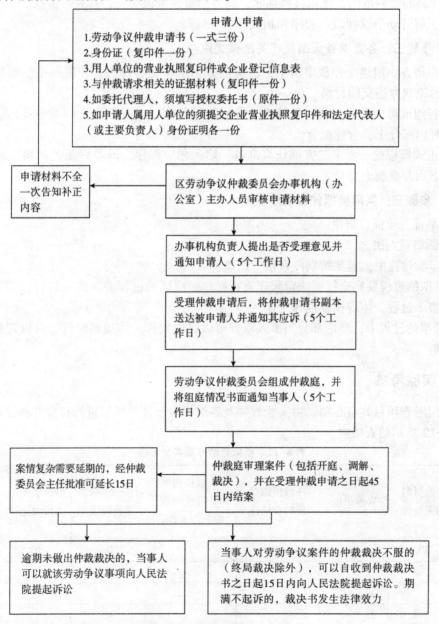

图8-1　劳动仲裁案件处理流程

三、实验流程

（一）步骤一：劳动争议仲裁模拟的准备

（1）每3个小组组成一个模拟团，分别扮演仲裁申请人（委托代理人/证人）、仲裁被申请人（委托代理人/证人）、仲裁员及仲裁庭内其他工作人员。组团后至指导老师处登记领取模拟团号（甲、乙、丙、丁、戊、己……）。

（2）每个模拟团共同商议选择合适的劳动争议案件。所模拟的劳动争议案件必须属于劳动争议仲裁的受案范围，证据材料翔实，双方当事人争议明显，具有可辩性。

（3）了解劳动争议仲裁的程序和相关的举证规则。

（二）步骤二：各方准备证据及相关法律文件

（1）申请方小组递交仲裁申请书；被申请方小组递交答辩书；仲裁庭小组准备模拟流程及研究讨论双方递交的材料。

（2）各组成员内部分工，商量策略。模拟的过程中，三方都不止一人参与，所以各方事先要做好内部分工，合理配合。

（3）正式模拟前，要求三方都认真准备，熟悉相应程序，准备好相关材料（申请书和答辩书在下周开庭前上交）。

（三）步骤三：实际模拟仲裁全过程

（1）举证，质证，辩论。

（2）调解或判决。

在此步骤过程中，需要特别注意以下两点：

1）模拟的过程要完全按照法定程序进行操作，质证的过程要体现对抗性，仲裁员的一方要主持整个过程，体现权威性和专业性。

2）模拟的过程中，辩论部分当事人双方可以自由发挥，体现即时性，可以现场决定是否接受调解。

四、实验考核

各小组考查项目共有6项，由实验教师及各组代表按评价项目进行打分并将评价理由填至如表8-12所示的表格内。

表8-12 模拟劳动仲裁实验考核

小组	实验材料的完整性	实验进度	仲裁模拟过程的合法性	诉讼模拟内容的合理性与逻辑的严密性	上交文书的完整程度	参加实验的态度及纪律	得分
	20	10	20	20	20	10	

第九章

社会保险业务

社会保险是为保障劳动者在遭遇年老、伤残、失业、患病、生育等风险时的基本生活需要而采取的在国家法律保证下强制实施的一种社会制度，它强调受保障者权利与义务相结合。社会保险是社会保障的重要部分，对保障被保险人的基本生活、保证劳动力再生产的顺利进行、调节收入差距、实现社会公平、稳定社会秩序起到了举足轻重的作用。

本章实验主要帮助学生学会办理公司社保的常见业务，包括参保登记、增员和减员、缴费登记变更与注销；学会办理社会保险待遇申领；也学会与各种经办机构沟通、交流的方法等。本章以中山市社会保险政策为例。

任务一：办理单位参保登记业务

社会保险登记与费用征缴是用人单位依法参加社会保险的重要体现。《中华人民共和国社会保险法》《社会保险费征缴暂行条例》《社会保险登记管理暂行办法》和《社会保险费征缴监督检查办法》等分别以法律、行政法规和部门规定的形式明确了参保单位、个人及相关机构在社会保险登记和缴费过程中的权利和义务，是社会保险登记、申报和缴费工作的基本依据。

一、实验概述

通过实验，让学生掌握社会保险登记的流程，能正确填写社会保险登记的相关表格，能够正确核定单位和个人社会保险缴费金额，填写各类缴费表格。

本次实验中，全班同学分为若干组，分别扮演公司、社会保险经办人员和地方税务机关工作人员，完成办理缴费登记活动。

每个活动组4~6人，活动组设组长，组长负责活动的组织与协调工作。活动组成员根据活动内容先完成个人训练，再利用个人训练资料通过角色扮演完成团队训练内容。实验中需要用到电脑和特定观察室。

二、实验材料

材料一:办理缴费登记企业相关资料。

如用人单位已经办理三证合一,凭新营业执照原件及复印件、法定代表人或单位负责人身份证原件复印件、税务登记码、单位公章及社会保险登记表,办理社会保险登记证。

材料二:办理社保缴费登记业务个人相关资料,见表9-1。

表9-1 社保缴费登记业务个人相关资料

序号	社保号	身份证号	姓名	户口性质	合同开始日期	合同结束日期	本次缴费起始年月	缴费工资/元	参加险种
1									
2									
3									
4									
5									
…									

三、实验流程

(一)步骤一:办理缴费登记手续

缴费单位填报社保缴费登记表(见附录9-1)一式两份,加盖企业公章,并携带相关资料(法定负责人身份证及复印件,新营业执照原件及复印件)到中山市地方税务机关办税服务大厅申请办理社会保险费缴费登记。登记表一份留存归档,另一份交申请人,并发放委托银行代划缴税费协议书(见附录9-2)一式三份。

(二)步骤二:签订缴费协议

缴费单位取得委托银行代划缴税费协议书后,填写协议书内容并加盖企业公章,携带银行开户证明到开户银行签约相关手续。开户银行审核无误后,录入 ETS(电子缴费入库系统)协议信息,确认后在三份协议上分别签章。

(三)步骤三:办理劳动用工备案手续

缴费单位先到人力资源和社会保障部门办理用工登记手续,然后再到地税部门办理社保相关手续。缴费单位需要提交以下资料:

(1)中山市劳动用工和社会保险增减员表(电子和打印版,见附录9-3)。
(2)中山市劳动用工备案单位资料登记表(电子和打印版,见附录9-4)。
(3)新营业执照副本原件及复印件。
(4)参保人员身份证原件及复印件。
(5)劳动用工备案人员彩色相片。

人力资源和社会保障部门在完成备案后,将中山市劳动用工和社会保险增减员表和中山市劳动用工备案单位资料登记表各一份发回给缴费单位存档。

（四）步骤四：办理ETS协议信息及申报业务

缴费单位携带银行盖章的ETS协议（一式两份）、《社会保险费综合申报表》（见附录9-5）、《社会保险费申报表》（见附录9-6）、应参保职工名册及新营业执照副本原件到地税部门办税大厅办理ETS协议信息及申报的业务。税务机关收到缴费单位提交的协议书后，录入缴款单位名称、协议书号、开户银行及缴税账号等信息，并向银行发送验证请求，在验证通过的情况下再在协议书上签章并留存第一联，将第二联交回给缴费单位保管。

（五）步骤五：核定缴费项目

缴费单位携带以下资料：

(1) 缴费单位参保险种登记表（见附录9-7）。
(2) 劳动合同。
(3) 新营业执照副本原件及复印件。
(4) 基本存款账户许可证原件及复印件。
(5) 委托银行代划缴税费协议书。
(6) 中山市劳动用工和社会保险增减员表。
(7) 参保人员身份证原件及复印件。

（六）步骤六：办理参保登记手续

首次办理社保缴费登记的用人单位，应在完成全员增员后，在规定的时间内填写社保缴费项目核定通知书（见附录9-8）和社会保险登记表（见附录9-9），并携带以下资料前往社保经办机构办理参保登记手续：

(1) 新营业执照副本原件及复印件。
(2) 基本存款账户许可证原件及复印件。
(3) 地税部门盖章的社保缴费登记表。

社会保险经办机构审核后为参保单位、参保个人办理参保登记手续，建立社保关系。完成登记手续后，缴费单位可以领取社会保险登记证。

四、实验考核

各小组考查项目共有5项，由实验教师及各组代表按评价项目进行打分并将评价理由填至如表9-2所示的表格内。

表9-2　办理单位参保登记业务实验考核

小组	态度积极 20	资料填写正确 20	资料准备齐全 20	流程正确 20	活动表现 20	得分

附录9-1：社保缴费登记表

社保缴费登记表

(适用单位缴费人)

填表日期：

缴费人名称			统一社会信用代码			
登记注册类型			设立登记日期			
注册地址			邮政编码		联系电话	
开户银行			账号			
联系人	姓名	身份证件		固定电话	移动电话	电子邮箱
		种类	号码			
法定代表人（负责人）						
财务负责人						
社会保险缴费经办人						

附报资料：

经办人签章：	法定代表人（负责人）签章：	纳税人公章：
年 月 日	年 月 日	年 月 日

以下由税务机关填写：

纳税人所处街道		隶属关系	
主管税务分局	税收管理员	是否属于国税、地税共管户	

填 表 说 明

一、本表适用于各类单位缴费人填用。

二、缴费人应当自社会保险管理部门批准设立缴费之日起 30 日内,到所属区域主管地税机关办理社会保险费缴费登记。

三、表中有关栏目的填写说明:

1. "缴费人名称"指营业执照或有关核准执业证书上的"名称";

2. "身份证件"栏一般填写"居民身份证",如无身份证,则填写"军官证""士兵证""护照"等有效身份证件;

3. "注册地址"指新营业执照或其他有关核准开业证照上的地址。

4. "登记注册类型"即经济类型,按新营业执照的内容填写;不需要领取新营业执照的,选择"非企业单位"或者"港、澳、台商企业常驻代表机构及其他""外国企业";如为分支机构,按总机构的经济类型填写。

分类标准:

110 国有企业	120 集体企业	130 股份合作企业
141 国有联营企业	142 集体联营企业	143 国有与集体联营企业
149 其他联营企业	151 国有独资公司	159 其他有限责任公司
160 股份有限公司	171 私营独资企业	172 私营合伙企业
173 私营有限责任公司	174 私营股份有限公司	190 其他企业
210 合资经营企业(港或澳、台资)		220 合作经营企业(港或澳、台资)
230 港、澳、台商独资经营企业		240 港、澳、台商独资股份有限公司
310 中外合资经营企业		320 中外合作经营企业
330 外资企业		340 外商投资股份有限公司
400 港、澳、台商企业常驻代表机构及其他	500 外国企业	600 非企业单位

四、本表格可在中山地税网站下载打印填报(自行下载打印须为 A4 纸)。

五、填写本表请使用碳素或蓝色墨水钢笔、签字笔,并确保字迹清晰。

六、本表一式两份,税务部门办理后纳税人(扣缴义务人、缴费人)与税务部门各存一份。

附录9-2：委托银行代划缴税费三方协议书

委托银行代划缴税费三方协议书

委托银行代划缴税费三方协议书

甲方：（税务机关）

乙方：（纳税人）

丙方：（纳税人开户银行）

为方便纳税人申报纳税，提高税款征收、入库效率，实现财、税、库、银横向联网征收税款，甲、乙、丙三方经共同协商，同意就甲方应征收乙方的税款（包括基金、费，下同）通过丙方从乙方指定的银行账户上通过电子扣缴的方式办理转账，签订如下协议：

一、甲、乙、丙三方承诺遵守《中华人民共和国税收征收管理法》《中华人民共和国合同法》《中华人民共和国商业银行法》《人民币银行结算账户管理办法》《支付结算办法》及其他法律、行政法规相关条款。

二、乙方确定丙方为其横向联网电子扣缴税款业务的经办银行，同时确定在本协议中指定的账户为横向联网扣税账户。缴税（费）专用账户一经确定，原则上不得变更。乙方授权丙方按甲方发送的扣税指令从该账户上扣缴申报的应纳税款。

三、乙方按税法规定的方式和期限办理纳税申报，保证存款账户名与税务登记的纳税人名称完全一致，纳税申报数据真实、准确、完整，在法定申报期内，保证其横向联网扣税账户上保留不少于应纳税款的资金，并能正常结算。如因乙方账户余额不足或不能正常结算导致扣缴税款不成功，延误缴税的，其法律责任由乙方承担，甲方将按《中华人民共和国税收征收管理法》和其他法律法规的有关规定处理。

四、甲方符合规定的缴税电子信息通过财税库银横向联网系统到达丙方后，由丙方负责按乙方的授权和有关规定划款。甲方保证向丙方发出的缴税信息真实、准确。若丙方因甲方的错误信息而误扣乙方账户存款，责任由甲方负责。

五、税款扣缴成功后，丙方应根据甲方发送的横向联网电子税票信息及时打印电子缴税付款凭证给乙方，电子缴税付款凭证一式二联，第一联作为丙方记账凭证，第二联加盖银行印章，交乙方作付款回单，乙方以此作为缴纳税款的会计核算凭证。如丙方未按规定开具电子缴税付款凭证，其法律责任由丙方承担。因不可抗力造成丙方不能及时打印凭证的，丙方应予免责。

六、乙方需要甲方开具完税凭证的，甲方根据征管系统中已入库电子缴款书开具纸质完税凭证。对于须将税收（出口货物专用）缴款书第二联（收据乙）转交购货企业的乙方，甲方在乙方电子缴税后，及时给乙方开具税收（出口货物专用）缴款书，将第一联（收据甲）和第二联（收据乙）交乙方。乙方凭丙方提交的电子缴税付款凭证到丙方加盖银行印章。

续表

七、甲方、丙方根据三方确定的乙方纳税人编码、纳税人税务登记名称、征收机关名称、征收机关代码、开户银行名称、开户银行行号、清算银行行号、缴税账号、缴税账户名称、协议书号等资料在双方计算机系统中建立统一的纳税档案。甲方、丙方如因电脑系统升级或其他原因需更改纳税档案中有关资料，应书面通知对方同步修改，如一方对建立的纳税档案中有关资料需做更改，未通知对方修改，由此造成横向联网系统扣缴税款不成功的，应承担由此造成的法律后果和相应经济责任。

八、乙方扣税账户中扣税资金有误，丙方应协助甲方、乙方核对。但与扣税无关的资金，由丙方与乙方核对。

九、因不可抗力造成的广东省财税库银联网横向系统瘫痪，甲方、丙方应告知乙方到税务机关办理。若乙方及时采用可行的税（费）款缴纳方式仍未能按期缴纳税（费）款，乙方不予承担相关法律责任；若乙方未及时采用可行的税（费）缴纳方式，造成未按法律规定期限缴纳税（费）款的，应承担相关法律责任。

十、甲方、丙方通过横向联网系统扣缴税款时，因不可抗力或操作失误等人为原因造成乙方不能及时缴纳税款，在查明原因后，分别由责任方承担相关法律责任。

十一、因计算机系统或通信故障造成的账务差错，甲方、丙方依照适用法律法规纠正处理，并负责向乙方解释。

十二、乙方变更名称、法定代表人（负责人）姓名，改变主管税务机关，涉及银行账号、缴税账号变更时，应在办理有关事项的5个工作日前，向甲方提出变更书面申请，甲方审核无误后提交丙方审核处理，原协议终止，并重新签订委托缴税三方协议书。乙方未及时向甲方提出变更书面申请的，应承担由此造成的法律后果和相应经济责任。

十三、乙方有正当理由需解除协议时，应提前15天书面通知甲方，甲方审核无误后提交丙方审核处理，乙方同时向甲方申报新的扣税方式。

十四、本协议生效期内发生的纠纷，三方应协商解决。经协商后不能解决的，由当事人根据相应的法律法规提起诉讼。

十五、本协议在三方签章后生效。除国家法律法规另有规定外，本协议长期有效。乙方如注销税务登记，本协议即自行终止。

十六、本协议一式三份，甲、乙、丙三方各持一份，具有同等法律效力。

十七、三方协议信息项：

续表

以下内容税务机关填写：
协议书号：
纳税人税务登记名称：
纳税人编码：
征收机关名称：
征收机关代码：
以下内容由纳税人开户银行填写：
开户银行名称：
开户银行行号：
清算银行行号：
缴税账号：
缴税账户名称：
甲方：（签章）　　　　　乙方：（签章）　　　　　丙方：（签章） 税务机关代码： 纳税人识别号： 开户行行号：   法人代表：　　　　　　　法人代表：　　　　　　　法人代表（负责人）： 委托代理人：　　　　　　委托代理人：　　　　　　委托代理人： 　年　月　日　　　　　　　年　月　日　　　　　　　年　月　日

附录9-3：劳动用工和社会保险增减员表（打印简化版）

劳动用工和社会保险增减员表（打印简化版）

劳动用工和社会保险增减员表																					
填报单位（公章）： 单位社保号：																					
单位联系人：_____ 联系电话：_____																					
序号	社保号	身份号码	姓名	户口性质	备案类别	合同开始日期	合同结束日期	本市人员失业登记号	个人身份代码	户籍所属省	社保增减员表										备注
^	^	^	^	^	^	^	^	^	^	^	增员							减员			^
^	^	^	^	^	^	^	^	^	^	^	本次缴费起始年月	月缴费工资	新年度月缴费工资	参加险种				停保原因	供养人数	是否有继承人	死亡时间	^
^	^	^	^	^	^	^	^	^	^	^	^	^	^	养老	失业	工伤	生育	基本医疗	住院保险	公务员补助	补充医疗	^	^	^	^	^
1																										
2																										
3																										
4																										
5																										
6																										
7																										
8																										
9																										
10																										
11																										
12																										
13																										
14																										
15																										
16																										
17																										
18																										
19																										
20																										
填表说明	用人单位与劳动者签订劳动合同后，由劳动者在备注项签名确认。（已进行劳动合同签收公示的单位在增加提供劳动合同签收公示表复印件后，此表可不签名）																					

附录9-4：劳动用工备案单位资料登记表

劳动用工备案单位资料登记表

单位社保编号：

<table>
<tr><td>单位全称
（盖章）</td><td colspan="5"></td></tr>
<tr><td>社会信用代码</td><td colspan="2">法人代表</td><td colspan="2">执照有效期</td><td></td></tr>
<tr><td>单位地址</td><td colspan="3"></td><td>邮政编码</td><td></td></tr>
<tr><td>联系人</td><td colspan="2"></td><td>电话</td><td>传真号码</td><td></td></tr>
<tr><td>E-MAIL
（电子邮箱）</td><td colspan="5"></td></tr>
<tr><td>现有职工
人数</td><td colspan="2">总数：人</td><td>职工来
源构成</td><td colspan="2">本市农业户籍_____人
本市非农业户籍_____人
本省户籍_____人
外省户籍_____人</td></tr>
<tr><td>单位属地
（所在行政街）</td><td colspan="5">中山市　　　　　区（县）　　　　　街（镇）</td></tr>
<tr><td>单位隶属</td><td colspan="5">□中央　□省属　□部队　□市属　□区（县）　□街（镇）　□居委会（村）</td></tr>
<tr><td>经济类型</td><td colspan="5">□国有　　　□国有联营　　　□国有独资　　　□集体
□私营企业　□港澳台商投资企业　□外商投资企业　□其他企业
□事业单位　□机关　　　　　□社团　　　　　□个体经济组织
□个体合伙　□其他</td></tr>
<tr><td>所属行业</td><td colspan="5">□1. 农、林、牧、渔业　　　　　　　　□11. 房地产业
□2. 采掘业　　　　　　　　　　　　　□12. 租赁和商务服务业
□3. 制造业　　　　　　　　　　　　　□13. 科学研究、技术服务和地质勘察业
□4. 电力、煤气及水的生产和供应业　　□14. 水利、环境和公共设施管理业
□5. 建筑业　　　　　　　　　　　　　□15. 居民服务和其他服务业
□6. 交通运输、仓储及邮电通信业　　　□16. 教育
□7. 信息传播、计算机服务和软件业　　□17. 卫生、社会保障和公共设施
□8. 批发和零售业　　　　　　　　　　□18. 文化、体育和娱乐业
□9. 住宿和餐饮业　　　　　　　　　　□19. 公共管理与社会组织
□10. 金融业　　　　　　　　　　　　□20. 国际组织
　　　　　　　　　　　　　　　　　　□21. 其他：_____</td></tr>
<tr><td>主管部门</td><td colspan="5"></td></tr>
<tr><td>受理机关</td><td colspan="5">（盖章）
　　　　　　年　　月　　日</td></tr>
</table>

说明：本表一式二份，用人单位招用人员进行初次备案或变更单位基本资料时填报，就业服务管理机构和用人单位各留存一份。

附录9-5：社会保险费综合申报表

社会保险费综合申报表

费款所属日期： 年 月 日　　　　　　　　　填报日期： 年 月 日

缴费单位名称：　　　　　　　　　　　　　　　金额单位：元（列至角分）

纳税人编码		单位社保号		联系人			
经营地址				联系电话			
项目 人数	险种项目	参保人数	工资薪金收入总额	应缴费工资薪金总额	缴费比例/%		应缴费额		合计
					单位	个人	单位	个人	
在职人员	企业职工基本养老保险								
	企业职工基本养老保险(非本市城镇户籍)								
	农转居人员基本养老保险								
	被征地农民养老保险								
	城镇老年居民养老保险								
	农村社会养老保险								
	城镇职工基本医疗保险								
	重大疾病医疗补助金								
	城镇灵活就业人员医疗保险								
	补充医疗保险								
	城镇居民基本医疗保险								
	失业保险								
	失业保险（农民工）								

续表

项目 人数	险种项目	参保人数	工资薪金收入总额	应缴费工资薪金总额	缴费比例/%		应缴费额		合计
					单位	个人	单位	个人	
在职人员	工伤保险								
	生育保险								
	外来从业人员基本医疗保险								
退休人员	(过渡性)城镇职工基本医疗保险								
	(过渡性)重大疾病医疗补助金								
	补充医疗保险								
合计									

纳税人编码		单位社保号		联系人	
经营地址				联系电话	

缴费单位（人）声明：本表所填内容正确无误，所提交的证件、资料及复印件真实有效，如有虚假愿承担法律责任。

申请人签名盖章：

税务机关（盖章）：

说明：本表一式三份，两份报地方税务机关，一份申报单位自存。

附录9-6：社会保险费申报表

社会保险费申报表

费款所属日期： 年 月 日　　　　　　　　　填报日期： 年 月 日

　　　　　　　　　　　　　　　　　　　　　　　　　金额单位：元（列至角分）

用人单位名称		办费联系人		联系方式（手机号码）											
统一社会信用代码/纳税人识别号								单位社保号							

序号	变化类型	姓名	个人参保号	身份证件号码	身份证明类别	性别	户籍类型	用工形式	人员类别	人员状态	参保开始时间	缴费工资	参保险种									本人签名
													1	2	3	4	5	6	7	8	9	
1																						
2																						
3																						
4																						
5																						

用人单位（缴费人）声明：本表所填内容正确无误，所提交的证件、资料及复印件真实有效，如有虚假愿承担法律责任。

申请人签名盖章：

税务机关（盖章）：

说明：

1. 填表人数5以上需另附电子导盘文件（可自带U盘向办税服务厅人员索取用人单位的电子导盘文件）。
2. 变化类型："1"增员；"2"减员；"3"已在册。
3. 身份证明类别："1"护照；"2"通行证；"3"回乡证；"6"身份证；"7"军官证；"9"其他；"A"外国人永久居留证；"B"港澳台身份证。
4. 户籍类型：根据户口本记录填报。"03"本地非农业户口；"04"本地农业户口；"05"外地非农业户口；"06"外地农业户口；"31"香港特别行政区居民；"32"澳门特别行政区居民；"33"台湾地区居民；"41"未取得永久居留权的外国人；"42"取得永久居留权的外国人。

附录9-7：缴费单位参保险种登记表

缴费单位参保险种登记表

单位社保号：□□□□□□□□

纳税人编码：□□□□□□□□□□□

缴费单位名称：

注册类型：首次登记□   变更登记□

人员类别（三选一）：

1. 只有本市城镇户口人员 □

2. 只有非本市城镇户口人员（含本市农村、外地城镇、外地农村）□

3. 以上两者都有 □

请缴费单位根据具体的人员类别，在下列相应表格中进行选择填写：

人员类别：A
必选参保险种：
1. 基本养老保险 2. 基本医疗保险 3. 失业保险 4. 工伤保险 5. 生育保险 6. 重大疾病医疗补助
可选参保险种：
1. 补充医疗保险□

人员类别：B
必选参保险种：
1. 基本养老保险（非本市城镇户籍） 2. 工伤保险 3. 生育保险 4. 重大疾病医疗补助
5. 医疗保险选项
至少选择其一：基本医疗保险□ 灵活就业人员医疗保险（住院保险）□
6. 失业保险选项
至少选择其一：失业保险□ 失业保险（农民工）□
可选参保险种：
1. 补充医疗保险□

人员类别：C
必选参保险种：
1. 基本养老保险 2. 基本养老保险（非本市城镇户籍） 3. 基本医疗保险 4. 失业保险 5. 工伤保险
6. 生育保险 7. 重大疾病医疗补助
8. 非本市城镇户籍人员医疗保险选项
至少选择其一：基本医疗保险□ 灵活就业人员医疗保险（住院保险）□
9. 失业保险选项
失业保险（农民工）□（有农民合同制职工必选）
可选参保险种：
1. 补充医疗保险□

续表

其他情况说明：

缴费单位声明：本表所填内容正确无误，所提交证件、资料及复印件真实有效，如有虚假愿承担法律责任。
 	
                                       申请人签名盖章：
                                             联系电话：
                                                   日期：

填表说明：1. 农民工先行参加工伤保险的，请在"其他情况说明"栏注明。

           2. 本地农村户籍、外地农村户籍的农民合同制职工参加失业保险的，请选择失业保险（农民工）。

附录9-8：社保缴费项目核定通知书

社保缴费项目核定通知书

用人单位名称			
统一社会信用代码/ 纳税人识别号		单位社保号	
社保管理机构			

根据《中华人民共和国社会保险法》及广东省社会保险费征缴法规、规章和规范性文件规定，核准以下缴费事项。用人单位缴费事项发生变化的，应申请调整，由税务机关重新核准，在重新核准之前，按以下内容执行。									
申报方式					缴款方式				
税票送达方式					税票送达时限				
邮政编码					送达地址				
账户类型			开户银行名称				银行账号		
征收品目	社保属性	费率	核定 起始日期	核定 终止日期	缴费 期限	申报 期限	缴款 期限	征收 方式	
说明：如你单位应缴费种发生变化，应在发生变化之日起30日内到征收服务厅办理重新核定应缴险种的手续。									
用人单位（人）签名： （盖章） 年　月　日					税务机关： （盖章） 年　月　日				

本通知书一式两份，税务机关留存一份，用人单位留存一份。

附录 9-9：社会保险登记表

业务流水号：

经办员		年 月 日		机构	年度	类别	件号
复核员		年 月 日					

社会保险登记表

1. 组织名称（章）：_____

2. 统一社会信用代码：_____

3. 申 请 日 期：_____

4. 税务机构名称：_____

中山市人力资源和社会保障局印制

组织名称			传真号码	
单位营业执照登记地址			邮编	
通信地址			邮编	
门诊就医点				
营业执照登记信息	发照日期			
	有效期限			
批准成立信息	批准单位			
	批准日期			
	批准文号			
法定代表人或负责人	姓名			
	身份证号码			
缴费组织专管员	姓名			
	办公电话及手机号码			
单位类型			经济类型	
事业单位类别			经费来源	
所属行业			隶属关系	
主管部门或总机构				
Email 地址			用工人数	
所属分支机构信息	负责人	名称	地址	
以下由社保机构填写				
参加险种及日期	参加险种		参加日期	
备注				

续表

业务申办人确认		年　月　日
社会保险经办机构审核意见	经办人（签章） 　　年　月　日	社会保险机构（签章） 　　年　月　日

填表说明

1. 组织名称和营业执照登记住所（地址），需与工商登记或有关机关批准文件上的单位名称和住所（地址）一致。

2. 需经工商登记、领取营业执照的单位（如各类企业和个体工商户）填写"营业执照登记信息"栏；不经工商登记设立的单位（如机关、事业单位、社会团体等）填写"批准成立信息"栏。

3. 具有法人资格的单位，填写法定代表人有关信息；不具有法人资格的分支机构，填写单位负责人有关信息。

4. 单位类型分六大类：企业、机关、事业单位、社会团体、个体工商户和民办非企业单位。企业要填写详细的经济类型（国有、集体、股份合作、联营、有限责任公司、股份有限公司、私营、港澳台合资、港澳台合作、港澳台独资、外商合资、外商合作、外资独资），并与营业执照上的内容一致；事业单位要填写详细事业单位类别（全额、差额、自支、企业化管理）。

5. 机关、事业单位和社会团体要填写经费来源（省财政、市财政、镇财政、自筹）。

6. 隶属关系是企业的所属关系，如中央企业、省属企业、市属企业、镇属企业等。

7. 有上级主管部门或分支机构的单位，应填写"主管部门或总机构"栏。

8. 所属行业分为农林牧渔业、采掘业、制造业、电力煤气及水的生产和供应业、建筑业、地质勘查和水利管理业、交通运输和仓储及邮电通信业、批发和零售贸易和餐饮业、金融和保险业、房地产业、社会服务业、卫生体育和社会福利业、教育文化艺术和广播电影电视业、科学研究和综合技术服务业、国家机关政党机关和社团。

任务二：办理缴费单位登记变更

缴费单位办理缴费登记之后，缴费登记内容和个人信息发生变化，如用人单位名称、地址、法人代表、组织机构代码等发生变化，应向主管税务机关申请办理缴费单位登记变更手续。

一、实验概述

通过实验，让学生学会准备变更缴费登记手续所需要提交的资料，熟悉办理变更登记的业务流程，掌握办理变更缴费登记业务。

本次实验中，全班同学分为若干组，分别扮演用人单位、社会保险经办人员和地方税务机关工作人员，完成办理变更缴费登记活动。

每个活动组4~6人，活动组设组长，组长负责活动的组织与协调工作，活动组成员根据活动内容先完成个人训练，再利用个人训练资料通过角色扮演完成团队训练内容。实验中需要用到电脑和特定观察室。

二、实验材料

与本章任务一的企业背景材料相同，且需要用到任务一的成果资料。

三、实验流程

（一）步骤一：确定办理缴费登记变更的情况

缴费人办理参保登记后，以下社会保险登记事项之一发生变更的，必须在30日内办理社会保险变更登记手续。

（1）单位名称。
（2）住所或地址。
（3）法定代表人或负责人。
（4）单位类型。
（5）组织机构统一代码。
（6）主管部门。
（7）隶属关系。
（8）开户银行账号。
（9）其他有关事项。

（二）步骤二：携相关资料前往地税登记部门完成变更手续

如果原税务登记内容发生实际的改变，缴费单位应自变更或发生变化之日起30天内，持变更社保缴费登记表（见附录9-10）及其他资料（见表9-3）向地税登记部门申报办理变更税务登记。

表9-3 更变事项及提交资料一览表

变更事项	提供资料
变更法定代表人（负责人）	法定代表人（负责人）身份证明文件原件及复印件
变更合伙人、投资人及注册资本	提供验资报告（章程或协议）和新的自然人投资者或合伙人的身份证明文件原件及复印件。如是企业投资，应提供投资企业的统一信用代码证复印件，境外投资企业应提供相关文件证明

续表

变更事项	提供资料
变更注册、经营地址	需提供新注册或经营场所地址证明原件及复印件，例如房产证、租赁合同或预售房发票等
变更纳税人或业户名称	需加盖新的公章
分支机构变更注册类型	需提供总机构的统一信用代码证复印件或相关证明一份

（三）步骤三：地方税务机关变更登记审核

主管地方税务机关自接到缴费人填报的社会保险登记变更表和提供的证件、资料之日起5个工作日内进行审核，符合变更条件的，予以办理变更登记。

（四）步骤四：缴费人档案修改

主管地方税务机关根据审核后的社会保险登记变更表，修改社会保险登记底册，并在5个工作日内将社会保险登记变更表一份送达社保经办机构。

社保经办机构自接到主管地方税务机关社会保险登记变更表之日起5个工作日内，在社保管理信息系统修改缴费人档案并将社会保险登记变更表存档。

四、实验考核

各小组考查项目共有5项，由实验教师及各组代表按评价项目进行打分并将评价理由填至如表9-4所示的表格内。

表9-4 办理缴费单位登记变更实验考核

小组	态度积极 20	资料填写正确 20	资料准备齐全 20	流程正确 20	活动表现好 20	得分

附录9-10：变更税务（社保缴费）登记表

变更税务（社保缴费）登记表

用人单位名称	
统一社会信用代码/纳税人识别号	
单位社保号	

变更登记事项				
序号	变更项目	变更前内容	变更后内容	批准机关名称及文件

经办人： 年 月 日	法定代表人（负责人）： 年 月 日	用人单位（签章）： 年 月 日
税务机关 审批意见		税务机关盖章： 年 月 日

本表一式两份，税务机关留存一份，退回申请单位（人）一份。

任务三：办理缴费单位登记注销

缴费单位发生解散、破产、被撤销的，应在有关部门批准后 30 天内，持相关资料到所在地地方税务机关办理社会保险缴费注销登记。

一、实验概述

通过实验，让学生学会准备注销缴费登记手续所需要提交的资料，熟悉办理注销登记的业务流程，掌握办理注销缴费登记业务。

本次实验中，全班同学分为若干组，分别扮演用人单位、社会保险经办人员和地方税务机关工作人员，完成办理注销缴费登记活动。

每个活动组 4~6 人，活动组设组长，组长负责活动的组织与协调工作，活动组成员根据活动内容先完成个人训练，再利用个人训练资料通过角色扮演完成团队训练内容。实验中需要用到电脑和特定观察室。

二、实验材料

与本章任务一的企业背景材料相同，且需要用到任务一的成果资料。

三、实验流程

（一）步骤一：确定办理缴费登记注销的情况

参保单位发生解散、破产、撤销、合并、统筹范围内转出、跨统筹范围转出及其他情形，依法终止社会保险缴费义务，单位社会保险费无欠缴时，自工商行政管理机关办理注销登记之日起 30 日内、自有关机关批准或者宣布终止之日起 30 日内，及时到社保经办机构办理注销社会保险登记。

（二）步骤二：携相关资料前往地税登记部门完成变更手续

缴费单位应在上述情形发生之日起 30 日内，携带以下资料向主管地方税务机关领取并填报注销社会保险登记申请审批表（见附录 9-11）：

（1）主管部门或审批机关的批准文件。
（2）董事会、职代会的决议。
（3）清算组织负责清理债权、债务文件。
（4）其他有关证明文件。

（三）步骤三：地税登记部门核查

地方税务机关在 7 个工作日内对缴费人提交的注销社保缴费登记申请审批表及其他资料进行审核，检查是否缴清费款、滞纳金、罚款。对缴费人已按规定缴清应纳费款、滞纳金、罚款的，主管地方税务机关予以办理注销社会保险登记，在收回社会保险登记证后发给注销社会保险登记通知书。对缴费人未按规定缴清应纳费款、滞纳金、罚款的，应予追缴，确实无法追缴的，转非正常户处理，处理完毕后，再办理注销手续。对审核中发现有违反社会保险有关法律、法规行为的缴费人，先按规定进行处理，处理完毕后，再办理注销手续。

（四）步骤四：社保经办机构注销手续

主管地方税务机关在收回的社会保险登记证上盖"注销"章，并在原社会保险登记证备注栏中写明注销原因及时间，同时修改社会保险登记底册。在审核后 5 个工作日内将注销的社会保险登记证和注销社会保险登记申请审批表（一式两份）送达社保经办机构。

社保经办机构自接到主管地方税务机关审核后的注销社会保险登记申请审批表和注销的社会保险登记证之日起 15 个工作日内，办理缴费人在职职工、退休人员转移和缴费台账封存手续，在社保管理信息系统中注销缴费人档案，将注销社会保险登记申请审批表存档，并将已注销的社会保险登记证销毁。

四、实验考核

各小组考查项目共有 5 项，由实验教师及各组代表按评价项目进行打分并将评价理由填至如表 9-5 所示的表格内。

表 9-5　办理缴费单位登记注销实验考核

小组	态度积极 20	资料填写正确 20	资料准备齐全 20	流程正确 20	活动表现好 20	得分

附录9-11：注销社会保险登记申请审批表

注销社会保险登记申请审批表

用人单位名称		统一社会信用代码/纳税人识别号	
		单位社保号	
法定代表人（负责人）		经营地址	
是否减员	是☐ 否☐	是否清欠	是☐ 否☐
注销原因			
		用人单位（盖章）： 　　　年　月　日	
税务机关审批意见			
		税务机关（盖章）： 　　　年　月　日	

办费联系人：　　　　　　　联系方式（手机号码）：
说明：本表一式两份，税务机关留存一份，用人单位留存一份。

任务四：办理基本养老保险待遇申领手续

职工达到法定退休年龄时，符合按月领取条件的，养老保险待遇包括职工退休后按月领取的基本养老金，以及退休后死亡的丧葬补助费；不符合按月领取条件的，发给其个人账户全部储存额，一次性领取养老金。

一、实验概述

通过实验，让学生学会准备办理基本养老保险待遇申领手续需要提交的资料，熟悉申领基本养老保险待遇的业务流程，能够办理基本养老保险待遇申领业务。

本次实验中，全班同学分为若干组，分别扮演用人单位社保经办人员和社保经办机构工作人员、退休职工和开户银行工作人员，完成申领基本养老保险业务。

每个活动组4~6人，活动组设组长，组长负责活动的组织与协调工作，活动组成员根据活动内容先完成个人训练，再利用个人训练资料通过角色扮演完成团队训练内容。实验中需要用到电脑和特定观察室。

二、实验材料

材料一：与本章任务一的企业背景材料相同，且需要用到任务一的成果资料。

材料二：情景资料。中山市某电子科技小家电有限公司女职工李某出生于1964年3月15日，于2019年3月满55岁，达到国家法律规定的退休年龄，具备按月领取养老金资格，2019年3月填写退休申请表申请退休。该退休申请表于2019年3月14日获得公司批准，公司社保经办人员王某为其办理退休保险待遇申领手续。

三、实验流程

（一）步骤一：确定享受养老保险待遇的条件

1. 必须达到法定退休年龄

法定退休年龄的规定如下：

（1）男年满60周岁，女年满50周岁，连续工龄满10年的。

（2）从事井下、高空、高温、特别繁重体力劳动或者其他有害身体健康的工作，男年满55周岁，女年满45周岁，连续工龄满10年的。

（3）男年满50周岁，女年满45周岁，连续工龄满10年的，由医院证明，并经过劳动鉴定委员会确认，完全丧失劳动能力的。

（4）因工致残，由医院证明，并经劳动鉴定委员会确认，完全丧失劳动能力的。

2. 累计最低缴费满15年

缴满15年才能享受基本养老保险待遇。职工达到法定退休年龄但缴费不足15年的，可以缴费至满15年后享受基本养老保险待遇。

（二）步骤二：公司社保经办人员准备相关资料

用人单位社保经办人员准备以下申领需要的资料：

(1) 社会保险增减人员申报表一式两份。
(2) 退休人员申请表（见附录9-12）。
(3) 养老保险被保险人视同缴费年限审批表（见附录9-13）。
(4) 被保险人身份证原件及复印件。
(5) 社保经办人身份证原件及复印件。
(6) 新开户的指定银行的通存通兑活期结算账户存折及复印件一份。

（三）步骤三：携相关资料至社会保险经办机构办理申领手续

用人单位应该在职工达到法定退休年龄的当月，为职工到社会保险经办机构办理基本养老保险待遇申领手续。社会保险经办机构根据参保人的缴费年限、缴费工资、当地职工平均工资等因素确定该员工应领取的基本养老保险待遇。

（四）步骤四：发放退休金

社保经办机构受理核定每月应领取基本养老保险金待遇标准，次月起由当地社保基金管理中心统一通过银行按月发放退休金。

符合一次性领取养老金待遇条件的，若由单位申请，一次性待遇经单位账户支付；若由个人申请，持一次性待遇现付通知单到制定银行领取现金。

四、实验考核

各小组考查项目共有5项，由实验教师及各组代表按评价项目进行打分并将评价理由填至如表9-6所示的表格内。

表9-6 办理基本养老保险待遇申领手续实验考核

小组	态度积极 20	资料填写正确 20	资料准备齐全 20	流程正确 20	活动表现好 20	得分

附录9-12：退休人员申请表

退休人员申请表

主管部门：

填报单位：

单位社保编号：

申请人：

编号：

中山市人力资源和社会保障局印制

姓名			性别			
出生日期			申请时身份	☐在职（☐管理、专业岗位 ☐生产岗位）　☐失业		（相片）
户口性质	☐城镇居民　☐非城镇居民					
证件号码	☐身份证　　　　☐护照 ☐军官证　　　　☐其他					
参加工作日期			视同缴费年限		年　　月	
社保个人编号			实际缴费年限		年　　月	
居住地址			联系电话		邮编	
参保前身份	☐转业干部、转业士官；☐退伍义务兵、复员干部； ☐国家机关工作人员；☐财政拨款事业单位工作人员；☐其他：					
工作简历	起止时间		工作单位		职务或工种	
	年　月至　年　月					
	年　月至　年　月					
	年　月至　年　月					
	年　月至　年　月					
	年　月至　年　月					
	年　月至　年　月					
申报退休类别	☐1. 正常退休；　☐2. 提前退休（☐特殊工种；☐非因工伤病；☐因工伤病；☐军队转业干部）； ☐3. 其他 　　　　　　　　　　　　　　　　　　　　　　　　　　　　　年　　月　　日					
职工申请人签名确认上述内容属实： 　　　　　　　　　　　　　　　　　　　　　　　　签名时间：　　年　　月　　日						
单位审核意见	送审单位意见： ☐同意申请 ☐不同意申请 　　　　　　　　（盖章） 　　　　　年　月　日			主管部门或区劳动部门意见： ☐同意申请 ☐不同意申请 　　　　　　　　（盖章） 　　　　　年　月　日		

续表

批准机关意见	☐同意申请 ☐不同意申请 ☐已核定所从事的特殊工种年限为：有毒有害工种　　年　月；井下、高温工种　　年　月；特别繁重劳动体力、高空工种　　年　月。 （盖章） 年　月　日

注：1. 请按表逐栏认真、据实、准确填写。
2. 本表一式四份，市（区）劳动局、市（区）社会保险基金管理中心、填报单位或主管部门、申请人各一份。
3. 区（县）属单位职工须由区（县）劳动部门出具审核意见。
4. 复印本表须使用 A4 纸。

（社会保险经办机构计发基本养老金详细信息粘贴处）

社会保险基金管理中心（盖章）

附录9-13：养老保险被保险人视同缴费年限审批表

养老保险被保险人视同缴费年限审批表

单位名称（公章）： 　　　　　　　　经济（单位）类型：

社会保险登记证编码： 　　　　　　　隶属关系：

职工姓名		性别		出生年月	
居民身份证号码		退休（职）时间			
连续工龄（工作年限）或参加基本养老保险缴费年限情况					
序号	工作单位		起止时间		月数
1					
2					
3					
4					
5					
视同缴费年限累计	小写：　年　个月			大写：　年　个月	
单位应参加基本医疗保险日期			单位实际参加基本医疗保险日期		
单位意见	负责人：　　经办人：（人事或劳资部门章） 　　　　　　　　　　　年　月　日				
劳动保障行政部门审批意见	视同缴费年限累计　个月 　　　　　　　　　　　　　　　　　　（盖章） 负责人：　　　经办人：　　　　年　月　日				
备注说明					

社保经办机构登记岗：（盖章） 　　　　　　　　　　　　录入日期：　年　月　日

填表说明：1. 此表由用人单位填报三份，经劳动保障行政部门和社保经办机构审批录入后各自存留一份。

2. 此表"单位意见"以上栏目由用人单位填写；除单位意见外必须打印；"备注说明"栏由用人单位或劳动保障行政部门填写需说明的其他情况。

任务五：办理工伤保险待遇申领手续

工伤保险是劳动者在生产经营活动中遭受意外伤害、职业病，导致暂时或永久丧失劳动能力，能够从社会得到必要物质补偿的制度。工伤保险是社会保险制度中的重要组成部分。

一、实验概述

通过实验，让学生学会准备办理工伤保险待遇申领手续需要提交的资料，熟悉申领工伤保险待遇的业务流程，掌握办理工伤保险待遇申领业务。

本次实验中，全班同学分为若干组，分别扮演用人单位社会保险经办人员、参保人和社保经办工作人员，完成申领工伤保险待遇业务。

每个活动组4~6人，活动组设组长，组长负责活动的组织与协调工作，活动组成员根据活动内容先完成个人训练，再利用个人训练资料通过角色扮演完成团队训练内容。实验中需要用到电脑和特定观察室。

二、实验材料

材料一：与本章任务一的企业背景材料相同，且需要用到任务一的成果资料。

材料二：情景资料。张某是中山市某电子科技小家电有限公司职工，与公司签订了长期的劳动合同。2019年3月15日，在工厂生产作业时，因设备出现了故障，张某的左手不小心卷入机器中，造成手指截断。4月15日，公司社保经办人王某向社会保险行政管理部门提出了工伤认定申请。经劳动能力鉴定委员会鉴定，张某的伤残等级为七级（鉴定编号为201903××××）。5月6日，王某填写社会工伤保险待遇申领表，并提供相关资料。

三、实验流程

（一）步骤一：公司社保经办人员准备相关资料

职工发生事故伤害，或者按照职业病防治法规定被诊断、鉴定为职业病，所在单位应当自事故伤害发生之日，或被诊断、鉴定为职业病之日起30日内，向统筹地区社会保险行政部门提出工伤申请。遇到特殊情况，可上报至社会保险行政部门，经同意，申请时限可以适当延长。

用人单位社保经办人员准备以下申领需要的资料：

(1) 工伤认定申请表（见附录9-14）。
(2) 与用人单位存在劳动关系（包含事实劳动关系）的证明材料。
(3) 医疗诊断证明或职业病诊断证明书（或职业病诊断鉴定书）。
(4) 社会工伤保险待遇申请表（见附录9-15）。
(5) 职工工伤确认表。
(6) 伤病职工身份证及复印件。
(7) 伤病职工劳动能力鉴定表。

（二）步骤二：携相关资料至社会保险经办机构办理申领手续

假设社保经办机构核定张某的伤残补助金为 95 000 元，一次性拨付到公司账户中，然后由公司支付给张某。

四、实验考核

各小组考查项目共有 5 项，由实验教师及各组代表按评价项目进行打分并将评价理由填至如表 9-7 所示的表格内。

表 9-7 办理工伤保险待遇申领手续实验考核

小组	态度积极 20	资料填写正确 20	资料准备齐全 20	流程正确 20	活动表现好 20	得分

附录9-14：工伤认定申请表

工伤认定申请表

申请人：

受伤害职工：

申请人与受伤害职工关系：

填表日期：

人力资源和社会保障部制

职工姓名		性别		出生日期		年 月 日
身份证号码				联系电话		
家庭地址				邮政编码		
工作单位				联系电话		
单位地址				邮政编码		
职业、工种或工作岗位				参加工作时间		
事故地点				事故时间		
受伤害部位				职业病名称		
接触职业病危害岗位				接触职业病危害时间		
受伤害经过简述（可附页）						

申请事项：

职工或近亲属签名：

年　月　日

用人单位意见：

（公章）

经办人签名：

年　月　日

填表说明

1. 用钢笔或签字笔填写，字体工整清楚。
2. 申请人为用人单位或工会组织的，在首页申请人处加盖单位公章。
3. 受伤害部位一栏填写受伤害的具体部位。
4. 受伤害经过简述，应写明事故发生的时间、地点、当时所从事的工作，受伤害的原因及伤害部位和程度。职业病患者应写明在何单位从事何种有害作业、起止时间、确诊结果。
5. 申请人提出工伤认定申请时，应当提交受伤害职工的居民身份证；医疗机构出具的职工受伤害时初诊诊断证明书，或者依法承担职业病诊断的医疗机构出具的职业病诊断证明书（或者职业病诊断鉴定书）；职工受伤害或者诊断患职业病时与用人单位之间的劳动、聘用合同或者其他存在劳动、人事关系的证明。

有下列情形之一的，还应当分别提交相应证据：

（1）职工死亡的，提交死亡证明；

（2）在工作时间和工作场所内，因履行工作职责受到暴力等意外伤害的，提交公安部门的证明或者其他相关部门出具的法律文书；

（3）因工外出期间，由于工作原因受到伤害或者发生事故下落不明的，提交公安部门、人民法院或者相关部门的证明材料；

（4）上下班途中，受到非本人主要责任的交通事故或者城市轨道交通、客运轮渡、火车事故伤害的，提交公安机关交通管理或者其他相关部门出具的法律文书；

（5）在工作时间和工作岗位，突发疾病死亡或者在48小时之内经抢救无效死亡的，提交医疗机构的抢救证明；

（6）属于在抢险救灾等维护国家利益、公共利益活动中受到伤害的，提交公安、民政或者其他相关部门的证明材料；

（7）属于因战、因公负伤致残的转业、复员军人旧伤复发的，提交革命伤残军人证及劳动能力鉴定机构对旧伤复发的确认材料。

6. 申请事项栏，应由受伤害职工或者其近亲属、工会组织写明提出工伤认定申请、所填情况是否属实的意见并签名。

7. 用人单位意见栏，应写明是否同意为工伤，所填情况是否属实的意见，经办人签名并加盖单位公章。

附录9-15：工伤保险待遇申请表

工伤保险待遇申请表

工伤事故所在单位（盖章）　　　　　　　　　　　　是否建筑企业：是□　否□

个人基本信息	工伤（亡）人员姓名		个人编号	
	身份证号码		工伤发生时间	
	家庭联系地址		邮政编码	
	家庭联系电话		移动电话	
待遇支付信息	待遇享受人姓名		待遇享受人身份证号码	
	待遇发放支付方式	□对私支付（支付至个人账户） □对公支付（支付至单位账户）		
	个人开户银行 （对私支付填写）		个人银行账号 （对私支付填写）	
单位信息	工伤事故所在单位名称		单位编号	
	单位联系电话		单位联系地址	
	联系人姓名		邮政编码	
其他	工伤认定书文号		工伤确认结论	□是　□否
	鉴定结论书文号		劳动能力鉴定结论（等级）	
	五至十级工伤人员是否保留劳动关系	□是　□否	护理等级	
	解除劳动合同时间		工伤食宿交通费核算	□是　□否
一至四级待遇申领方式选择	方式一：退出生产、工作岗位，终止劳动关系，终生领取伤残津贴			本人经劳动能力鉴定部门鉴定为残废____级，清楚工伤保险待遇的政策和发放工伤保险待遇的两种方法，决定选择第____种方式领取本人的工伤保险待遇。
	方式二：职工与原单位保留劳动关系，退出工作岗位的，由工伤基金支付伤残津贴，到达退休年龄再办理退休			

工伤职工本人签名：　　　　　　　　　　　　　　　申请日期：　　　年　月　日

备注：以上内容填写真实，若填写内容与实际情况不相符，愿承担一切相关法律责任。

此表一式三份，社保经办机构、用人单位和工伤职工本人各一份。如为工亡职工的，则由其近亲属签名与留存本申请表。

参 考 文 献

[1] 鲍立刚，李亚慧，江永众，等．人力资源管理综合实训［M］．北京：中国人民大学出版社，2017.

[2] 池永明．员工招聘规划与执行精细化实操手册［M］．北京：中国劳动社会保障出版社，2013.

[3] 蔡啟明，钱焱，徐洪江，等．人力资源管理实训——基于标准工作流程［M］．北京：机械工业出版社，2016.

[4] 畅铁民．人力资源管理实验教程［M］．北京：北京大学出版社，2013.

[5] 程延园．劳动关系［M］．4版．北京：中国人民大学出版社，2016.

[6] 曹士兵．中国法院2018年度案例（金融纠纷）［M］．北京：中国法制出版社，2018.

[7] 常凯．劳动关系学［M］．北京：中国劳动社会保障出版社，2009.

[8] 陈雅宜．员工关系管理精细化实操手册［M］．北京：中国劳动社会保障出版社，2016.

[9] 阿瑟．员工招聘与录用——招募、面试、甄选和岗前引导实务［M］．5版．卢瑾，张梅，李怡萱，译．北京：中国人民大学出版社，2015.

[10] 葛玉辉，陈悦明，赵尚华．工作分析与工作设计实务［M］．北京：清华大学出版社，2011.

[11] 葛培华，孔冬，郭如平，等．人力资源管理专业实验（实训）指导书［M］．北京：经济科学出版社，2011.

[12] 胡华成．薪酬管理与设计全案［M］．北京：清华大学出版社，2019.

[13] 华敏．培训管理工具箱［M］．2版．北京：机械工业出版社，2011.

[14] 寇家伦．人才测评实战［M］．广州：广东经济出版社，2011.

[15] 康锋，郭京生．薪酬设计与绩效考核设计案例精粹及解读［M］．北京：中国劳动社会保障出版社，2013.

[16] 李强．工作分析：理论、方法与应用［M］．北京：科学出版社，2015.

[17] 李中斌．工作分析理论与实务［M］．3版．大连：东北财经大学出版社，2017.

[18] 廖泉文．招聘与录用［M］．3版．北京：中国人民大学出版社，2015.

[19] 罗帆，卢少华．绩效管理［M］．北京：科学出版社，2016.

[20] 李文静，王晓莉．绩效管理［M］．3版．大连：东北财经大学出版社，2015.

[21] 林新奇．绩效考核与绩效管理［M］．北京：清华大学出版社，2015.

[22] 刘昕．薪酬管理［M］．5版．北京：中国人民大学出版社，2017.

[23] 李兵. 社会保险 [M]. 2版. 北京：中国人民大学出版社，2016.

[24] 潘泰萍. 工作分析：基本原理、方法与实践 [M]. 2版. 上海：复旦大学出版社，2018.

[25] 米尔科维奇，纽曼，格哈特. 薪酬管理 [M]. 成得礼，译. 北京：中国人民大学出版社，2014.

[26] 孙宗虎，郭蓉. 岗位分析评价与职务说明书编写实务手册 [M]. 2版. 北京：人民邮电出版社，2009.

[27] 孙宗虎，刘娜. 招聘、面试与录用管理实务手册 [M]. 4版. 北京：人民邮电出版社，2017.

[28] 孙宗虎，庄俊岩. 人员测评实务手册 [M]. 4版. 北京：人民邮电出版社，2017.

[29] 石金涛，颜世富. 培训与开发 [M]. 4版. 北京：中国人民大学出版社，2019.

[30] 孙宗虎，姚小风. 员工培训管理实务手册 [M]. 4版. 北京：人民邮电出版社，2017.

[31] 孙宗虎，李艳. 岗位绩效目标与考核实务手册 [M]. 4版. 北京：人民邮电出版社，2017.

[32] 孙宗虎，邹晓春. 人力资源管理工作细化执行与模板 [M]. 2版. 北京：人民邮电出版社，2011.

[33] 邵文娟，奚伟东. 社会保险理论与实务 [M]，北京：清华大学出版社，2016.

[34] 孙树菡，朱丽敏. 社会保险学 [M]. 2版. 北京：中国人民大学出版社，2012.

[35] 唐霁松，吴光. 医疗保险付费方式经办指南 [M]. 北京：中国劳动社会保障出版社，2014.

[36] 唐镛，刘兰，杨振彬，等. 企业劳动关系管理 [M]. 2版. 北京：中国人民大学出版社，2016.

[37] 王光伟. 绩效考核管理实务手册 [M]. 北京：清华大学出版社，2013.

[38] 武欣. 绩效管理实务手册 [M]. 2版. 北京：机械工业出版社，2005.

[39] 王雁飞，朱瑜. 绩效与薪酬管理实务 [M]. 北京：中国纺织出版社，2005.

[40] 王胜会. 人力资源管理关键点精细化设计 [M]. 北京：人民邮电出版社，2013.

[41] 王淑红. 人员素质测评 [M]. 2版. 北京：北京大学出版社，2017.

[42] 王勤伟. 劳动争议实务操作与案例精解 [M]. 北京：中国法制出版社，2018.

[43] 萧鸣政. 工作分析的方法与技术 [M]. 5版. 北京：中国人民大学出版社，2018.

[44] 萧鸣政，COOK M. 人员素质测评 [M]. 3版. 北京：高等教育出版社，2013.

[45] 尹晓峰. 人力资源管理必备制度与表格范例 [M]. 北京：北京联合出版公司，2015.

[46] 姚裕群，刘家珉，朱振晓. 员工招聘与配置 [M]. 北京：清华大学出版社，2016.

[47] 闫轶卿. 薪酬管理——从入门到精通 [M]. 北京：清华大学出版社，2015.

[48] 赵曙明. 人力资源战略与规划 [M]. 4版. 北京：中国人民大学出版社，2017.

[49] 赵永乐. 人力资源规划 [M]. 3版. 北京：电子工业出版社，2019.

[50] 周鸿. 员工招聘与面试精细化实操手册 [M]. 2版. 北京：中国社会劳动保障出版社，2016.

［51］翟海燕，赵荔，陆慧. 人力资源管理实验教程［M］. 北京：中国财政经济出版社，2012.

［52］朱飞. 绩效管理与薪酬激励全程实务操作［M］. 2版. 北京：企业管理出版社，2010.

［53］赵曙明，赵宜萱，周路路. 人才测评：理论、方法、实务［M］. 北京：人民邮电出版社，2018.

［54］张登印，李颖，张宁. 胜任力模型应用实务——企业人力资源体系构建技术、范例及工具［M］. 北京：人民邮电出版社，2014.

［55］赵国军. 薪酬设计与绩效考核全案［M］. 修订版. 北京：化学工业出版社，2017.

参考文献

[1] 魏钧涛, 张军, 郑源. 人力资源管理实务联盟 [M]. 北京: 中国铁道出版社, 2012.
[2] 王汝飞. 酒店客房服务与管理综合案例分析与实务 [M]. 2版. 北京: 北京旅游教育出版社, 2010.
[3] 徐爱萍, 吴家惠, 周运锦, 大卡酒店, 蕾喵, 万向, 萱军 [M]. 北京: 人民邮电出版社, 2018.
[4] 范小江, 于静. 栗学. 酒店人力资源管理实务——企业人力资源价值在酒店经营中的应用 [M]. 北京: 人民邮电出版社, 2016.
[5] 汪纯孝. 旅游服务与管理专业系列教材 [M]. 第2版. 北京: 医学工业出版社, 2017.